COLLECTION

DES

LOIS CIVILES ET CRIMINELLES

DES ÉTATS MODERNES,

PUBLIÉE SOUS LA DIRECTION

DE M. VICTOR FOUCHER,

AVOCAT-GÉNÉRAL DU ROI.

SEPTIÈME LIVRAISON.

A RENNES,

DE L'IMPRIMERIE DE J.-M. VATAR, RUE SAINT-FRANÇOIS.

CODE

DE

COMMERCE

DU ROYAUME DE HOLLANDE,

TRADUIT

PAR M. WILLEM WINTGENS,

AVOCAT A LA HAUTE COUR DE LA HAYE,

PRÉCÉDÉ DES LOIS NOUVELLES SUR L'ORGANISATION JUDICIAIRE DU ROYAUME DE HOLLANDE ET DU TITRE DU CODE DE PROCÉDURE CIVILE, RELATIF A LA CONTRAINTE PAR CORPS.

A RENNES,

BLIN, LIBRAIRE-ÉDITEUR, PLACE DU PALAIS.

A PARIS,

JOUBERT, LIBRAIRE, RUE DES GRÈS, 14.

A LA HAYE,

M. P. VAN STOCKUM, LIBRAIRE, GORTSTRAAT, S, 353.

M DCCC XXXIX.

AVERTISSEMENT.

Le Code de commerce que nous publions aujourd'hui est en vigueur depuis le 1er octobre 1838.

Les premiers titres en furent soumis aux chambres du royaume des Pays-Bas dès le 22 octobre 1822, et les derniers titres furent adoptés le 11 août 1826.

La révolution qui sépara la Belgique de la Hollande en suspendit la mise à exécution, et permit d'en faire une révision complète en mettant à profit les observations et les travaux auxquels il donna lieu de la part de plusieurs jurisconsultes distingués.

L'œuvre législative sortie de cette double épreuve est sans contredit la plus complète sur les matières commerciales, spécialement en ce qui concerne le commerce maritime.

Si nous nous plaisons à constater que les vieilles ordonnances françaises et le code de commerce de notre pays sont encore les bases sur lesquelles la loi néerlandaise a été édifiée, nous devons en même temps reconnaître que le législateur hollandais y a introduit d'importantes modifications, et en a complété les prescriptions par un grand nombre de dispositions nouvelles, dignes d'un des premiers peuples commerçants du monde.

Le Code de commerce de Hollande contient 923 articles; le Code français, beaucoup plus concis, n'en renferme que 648.

Nous devons la traduction du Code de commerce de Hollande à M. le docteur Willem Wintgens, de La Haye, auquel nous exprimons ici toute notre reconnaissance ; mais nous avons dû y ajouter plusieurs autres lois qui en sont le complément indispensable, surtout en présence des prescriptions de l'art. 357 *qui exige que tout capitaine de navire ait à son bord un exemplaire de ce Code.*

Cet appendice se compose :

1° Des nouvelles lois d'organisation judiciaire du royaume de Hollande ; ces lois font connaître l'organisation et les limites de compétence de chaque juridiction ;

2° Des articles du Code civil auxquels renvoie le Code de commerce et qui en éclairent les dispositions ; nous avons placé ces articles en note des articles correspondants du Code de commerce ;

3° Du titre du nouveau Code de procédure relatif à la contrainte par corps.

C'est ainsi que le volume que nous livrons au public comme 7° livraison de notre collection des lois civiles et criminelles des Etats modernes, servira en même temps de manuel non-seulement pour tout commerçant, mais encore pour tout capitaine en rapport avec la Hollande ou navigant dans ses possessions.

Rennes, le 1er *novembre* 1839.

VICTOR FOUCHER.

LOI

DU 15 MAI 1829,

CONTENANT LES RÈGLES GÉNÉRALES SUR LA LÉGISLATION DU ROYAUME.

ART. 1. Aucune loi n'est obligatoire avant qu'elle n'ait été légalement promulgée.

ART. 2. Les lois sont obligatoires dans tout le royaume, en vertu de leur promulgation faite par le roi.

Elles sont exécutoires aussitôt que la promulgation en pourra être connue dans toutes les parties du royaume.

Quand la loi n'a pas fixé d'autre terme, la promulgation est réputée être connue dans tout le royaume le vingtième jour après celui de la date du bulletin officiel, dans lequel la loi est insérée.

ART. 3. La coutume ne donne de droit qu'autant que la loi y renvoie.

Art. 4. La loi ne dispose que pour l'avenir et n'a point d'effet rétroactif.

Art. 5. Une loi ne peut perdre sa force, en tout ou en partie, que par une loi postérieure.

Art. 6. Les lois concernant les droits, l'état et la capacité des personnes, régissent les Hollandais, même en pays étranger.

Art. 7. Quant aux immeubles, ils sont régis par la loi du pays ou du lieu où ils sont situés.

Art. 8. Les lois pénales et les règlements de police obligent tous ceux qui se trouvent sur le territoire du royaume.

Art. 9. Le droit civil du royaume est le même pour les étrangers et pour les Hollandais, tant que la loi n'a pas ordonné explicitement le contraire.

Art. 10. La forme de tout acte est jugée d'après les lois du pays ou du lieu où cet acte a été fait.

Art. 11. Le juge doit prononcer selon la

loi; il ne lui est jamais permis de juger de la valeur intrinsèque ou de l'équité de la loi.

Art. 12. Aucun juge ne peut prononcer par voie de disposition générale ou de règlement dans les causes qui sont soumises à sa décision.

Art. 13. Le juge qui refuse de juger sous prétexte du silence, de l'obscurité ou de l'insuffisance de la loi, peut être poursuivi pour déni de justice.

Art. 14. On ne peut déroger, par aucun acte ou par aucune convention, aux lois qui intéressent l'ordre public ou les bonnes mœurs.

[illegible]ar il ne lui est jamais permis de juger sur la [illegible]eur intrinsèque ou de l'équité de la loi.

Art. 12. Aucun juge ne peut prononcer par voie de disposition générale ou de règlement dans les causes qui sont soumises à sa décision.

ADMINISTRATION DE LA JUSTICE

Art. 13. Le juge qui refuse de juger sous prétexte du silence, de l'obscurité ou de l'insuffisance de la loi, peut être poursuivi pour déni de justice.

Art. 14. [illegible] par les lois mêmes.

Art. 15. La preuve de filiation (sauf les [illegible] prévues par la loi [illegible] par d'autres dispositions légales à la [illegible] particulières) est [illegible]

[illegible]

LOI

SUR L'ORGANISATION JUDICIAIRE

ET

L'ADMINISTRATION DE LA JUSTICE.

PREMIÈRE SECTION.

DISPOSITIONS GÉNÉRALES.

ART. 1. Le pouvoir judiciaire (sauf les matières particulières réservées par la loi fondamentale ou par d'autres dispositions légales à la juridiction des colléges particuliers) est exercé par :

1° La justice du canton;

2° Les tribunaux d'arrondissement;

3° Les cours de justice provinciales et la cour criminelle dans la province de Hollande;

4° La haute cour.

ART. 2. La connaissance et le jugement de

tous les différents relatifs à la propriété ou aux droits qui en découlent, aux dettes ou aux droits civils, et l'application de toutes espèces de peines prescrites par les lois, sont dévolus exclusivement au pouvoir judiciaire, suivant les attributions de juridiction, la compétence et la sphère d'action déterminées par la présente loi.

ART. 3. Le ministère public est exercé :

Par le procureur-général près la haute cour ;

Par les procureurs-généraux près les cours provinciales, et l'officier de justice criminelle près la cour criminelle ;

Par les officiers près les tribunaux d'arrondissement ;

Et enfin, près des justices de canton, par les fonctionnaires désignés par la présente loi.

ART. 4. Le ministère public est spécialement chargé du maintien des lois, de la poursuite de tous les délits et de l'exécution de tous les jugements criminels.

Il est entendu dans tous les cas prévus par la loi.

ART. 5. Les officiers du ministère public sont obligés de se conformer aux ordres qui leur seront donnés pour l'exercice de leurs fonctions, au nom du Roi, par l'autorité compétente.

ART. 6. En cas d'absence, d'empêchement ou d'abstention du procureur-général, de l'officier de justice criminelle ou de l'officier près les tribunaux de l'arrondissement, leurs fonctions sont remplies par un avocat-général ou un substitut, suivant leur rang d'ancienneté, et en cas d'absence, d'empêchement ou d'abstention de ceux-ci, par un des conseillers ou juges qui sera respectivement désigné à cet effet par le président de la haute cour, de la cour provinciale, du tribunal criminel ou du tribunal d'arrondissement.

ART. 7. Les présidents de la haute cour, des cours et des tribunaux sont, en cas d'absence, d'empêchement ou d'abstention, remplacés par un vice-président, ou, à défaut de celui-ci, par le plus ancien conseiller ou le plus ancien juge.

8. Les membres du pouvoir judiciaire (à l'exception des juges suppléants) ne peuvent être en même temps avocats, procureurs, notaires ou solliciteurs, ni remplir aucune fonction à laquelle est attaché un traitement fixe.

Ils ne peuvent être non plus en même temps

membres des conseils de ville ou municipaux, membres ou secrétaires des hautes directions des digues, administrations de digues et de *polders*, curateurs d'écoles supérieures et autres, membres des commissions d'instruction publique ou de tout établissement qui ne peut être considéré, à proprement parler, comme des emplois rétribués.

En cas de doute sur la question de compatibilité d'un emploi de la dernière espèce avec les fonctions judiciaires, il y sera statué par le Roi.

Art. 9. Les membres de la haute cour ne peuvent être en même temps membres des Etats-Généraux.

Les membres des cours provinciales et de la cour criminelle ne peuvent être en même temps membres des Etats provinciaux.

Art. 10. Des parents ou alliés, jusqu'au troisième degré inclusivement, ne peuvent être, en même temps, conseillers, juges, officiers du ministère public et greffiers de la haute cour, de la même cour ou du même tribunal.

Si l'alliance ne s'est formée que depuis la nomination, celui qui l'aura contractée ne pourra conserver son emploi sans une dispense du Roi.

Cette disposition n'est pas applicable aux greffiers suppléants.

Art. 11. L'arrêt qui condamnera un membre de l'ordre judiciaire à une peine corporelle ou infamante, prononcera en même temps sa destitution.

Art. 12. Tout conseiller, juge ou greffier qui aura été condamné correctionnellement à la prison, pourra, sur le réquisitoire du procureur-général, après avoir été entendu dans ses moyens de défense, être destitué par la haute cour.

Pareille destitution pourra être prononcée pour inconduite, immoralité ou négligence notoire.

Lorsqu'un membre du ministère public se trouvera dans l'un des cas spécifiés par cet article, sa destitution pourra être prononcée par le Roi, après que la haute cour aura été entendue à son égard.

Art. 13. Tout membre de l'ordre judiciaire contre lequel il aura été décerné un mandat d'arrestation, sera, par ce seul fait, provisoirement suspendu de ses fonctions.

Art. 14. Les présidents de la haute cour, des cours et des tribunaux, ont, d'office ou sur la réquisition du ministère public, le droit d'admonester tout conseiller ou juge de leur collége qui compromettra l'honneur de son caractère ou de ses fonctions.

Art. 15. Les membres de la haute cour, ainsi que ceux des cours et tribunaux, les officiers du ministère public, les greffiers et leurs suppléants doivent avoir un domicile fixe dans la commune où siègent la haute cour, la cour ou le tribunal.

Art. 16. Les membres de l'ordre judiciaire ne peuvent, hors le temps des vacances, s'absenter des lieux où ils remplissent leurs fonctions, sans en avoir obtenu la permission. Ils ne peuvent même s'absenter du royaume pendant les vacances, sans une permission spéciale du Roi.

Art. 17. Les vacances annuelles de la haute cour, des cours et tribunaux d'arrondissement, commenceront le 1er juillet et finiront le 31 août inclusivement.

Art. 18. Pendant les vacances, il y aura dans la haute cour, ainsi que dans chaque cour et dans chaque tribunal, une chambre chargée de l'expédition des affaires civiles et commerciales qui requièrent célérité. Il n'y a point de vacances pour l'administration de la justice criminelle.

ART. 19. Tout ce qui concerne la prestation de serment, le costume des divers membres de l'ordre judiciaire, les congés, les remplacements et l'ordre du service intérieur de la haute cour, ainsi que des cours et tribunaux, les avocats, les procureurs et autres agents de justice sera déterminé par des règlements d'administration publique.

ART. 20. Dans les matières criminelles, les débats seront publics, à peine de nullité, à moins qu'il n'en ait été autrement ordonné par la loi, ou que la haute cour, la cour, le tribunal ou la justice de canton n'ordonne, pour des motifs graves qui devront être énoncés au procès-verbal de la séance, que les débats auront lieu, en tout ou en partie, à huis-clos : la même disposition est applicable au jugement des affaires civiles.

Dans tous les cas, les jugements et arrêts, tant en matière civile qu'en matière criminelle, devront être prononcés publiquement et être conformes aux articles 172 et 173 de la loi fondamentale, le tout à peine de nullité. (1)

(1) Voir ci-après le chapitre 5 de la loi fondamentale.

Art. 21. Les jugements et arrêts rendus par un nombre de juges autre que celui déterminé par la présente loi, sont nuls.

Art. 22. La haute cour, les cours et les tribunaux, ainsi que les membres du ministère public, sont tenus de présenter des rapports et des avis lorsqu'ils en sont requis au nom du Roi.

Art. 23. Nul membre de la haute cour, d'une cour ou d'un tribunal ne pourra être nommé commissaire ou rapporteur d'une affaire, dans laquelle un de ses parents ou alliés, jusqu'au 3e degré inclusivement, agit ou aura agi comme avocat ou procureur.

Art. 24. Les membres de la haute cour, des cours et des tribunaux ne pourront, directement ou indirectement, entrer en pourparlers ou conversations particulières avec les parties ou leurs avocats et procureurs, ni recevoir aucune information, aucun mémoire ou écrit particulier sur les procès pendants devant eux, ou qu'ils savent ou supposent devoir être portés devant eux.

Art. 25. Les colléges et officiers judiciaires sont réciproquement obligés de déférer légalement, aux commissions rogatoires qui leur seront adressées dans l'intérêt de la justice.

Art. 26. Dans toutes les affaires, le président devra recueillir les voix individuellement, en commençant par le commissaire ou rapporteur, et en passant ensuite aux autres membres, à partir du dernier nommé jusqu'au plus ancien. Le président donne son avis le dernier.

Nul membre absent ne pourra faire donner son avis par un de ses collègues, ni le remettre par écrit.

Art. 27. Lorsqu'il y aura plus de deux avis différents le jugement sera rendu de manière à s'accorder le plus possible avec l'avis de la majorité.

Art. 28. Les membres de l'ordre judiciaire sont tenus de garder le secret sur les avis émis par les conseillers et juges dans la chambre du conseil dans les affaires pendantes.

Art. 29. Tous les membres de l'ordre judiciaire nommés dans cette loi devront, chacun suivant son culte, et avant d'entrer en fonctions, jurer sous la foi du serment :

Qu'ils seront fidèles au Roi, maintiendront et observeront la loi fondamentale, qu'ils n'ont rien donné ou promis, ni ne donneront ou promettront à qui que ce soit, pour l'obtention de leur place, directement ou indirectement, sous quelque nom ou prétexte que ce soit, qu'ils n'accepteront ni ne recevront jamais de dons ou présents sous quelque nom que ce soit, d'aucune personne qu'ils savent ou supposent avoir ou devoir avoir quelque procès ou affaire dans laquelle ils seront appelés à intervenir par leurs fonctions, qu'ils s'acquitteront en outre de leur emploi avec probité, exactitude, moralité et impartialité, sans considération de personne, et qu'ils se conduiront dans l'exercice de leurs fonctions comme il convient à de braves et honnêtes officiers de justice.

DEUXIÈME SECTION.

Des justices de canton.

Art. 30. Le ressort de chaque tribunal d'arrondissement est divisé en justices de canton, dont l'étendue est réglée par une loi spéciale.

Art. 31. Il y aura dans chaque justice de canton un juge, deux ou au plus quatre suppléants, conformément aux règles à établir à cet égard par le Roi pour chaque canton, et un greffier.

Art. 32. En cas d'absence ou d'empêchement du juge de canton, le suppléant le plus ancien, ou, en cas d'absence ou d'empêchement, le second suppléant, remplacera le juge de canton, et ainsi de suite.

Art. 33. En cas d'absence ou d'empêchement du greffier, ses fonctions seront remplies par une personne qui sera désignée à cet effet par le juge, et qui prêtera serment entre ses mains, de tout quoi il sera dressé procès-verbal.

Art. 34. Le juge de canton ou ses suppléants devront être domiciliés dans le canton, et tenir leurs séances dans le chef-lieu du ressort, le greffier étant obligé d'y demeurer.

Art. 35. Les juges de canton et leurs suppléants doivent être âgés de vingt-cinq ans accomplis, indépendamment des conditions fixées par la loi fondamentale (1).

(1) Art. 9. « Les naturels du royaume, ou réputés tels, soit » par une fiction de la loi, soit par la naturalisation, sont indis- » tinctement admissibles à toutes les autres fonctions. »

Art. 10. « Pendant une année, après la promulgation de la » présente loi fondamentale, le Roi pourra accorder à des per- » sonnes nées à l'étranger et domiciliées dans le royaume, les

Ils sont divisés parmi les habitants les plus instruits, les plus capables, les plus aisés et les plus estimés, mais de préférence parmi les docteurs et licenciés en droit.

Art. 36. Les traitements des juges de canton et de leurs greffiers sont déterminés suivant le tableau annexé à la présente loi. La classification des juges de canton sera réglée par une loi spéciale.

Art. 37. Les juges de canton, leurs suppléants et greffiers sont nommés par le roi pour cinq ans: mais ils peuvent être nommés de nouveau.

Art. 38. Indépendamment des attributions spéciales conférées aux juges de canton par la loi, ils connaissent des contestations en matière civile et de commerce, sans appel, si la demande n'excède pas 50 florins, et jusqu'à 200 florins, en premier ressort seulement.

» droits d'indigénat et l'admissibilité à tous les emplois quel-
» conques. »

Art. 11. « Toute personne est également admissible aux em-
» plois, sans distinction de rang et de naissance, sauf ce qui est
» déterminé par les règlements des provinces, en conséquence du
» chapitre 4 de la loi fondamentale relativement à la formation
» des états provinciaux. »

1° De toutes demandes purement personnelles;

2° De toutes demandes en paiement de rentes, loyers et fermages, d'intérêts, dividendes de dettes, même dans le cas où la rente, le loyer, le fermage ou le capital de la dette excèderait 200 florins, pourvu que le titre ne soit pas contesté.

Art. 39. Ils connaîtront en outre, sans appel, si la dette n'excède pas 50 florins, et à charge d'appel, à quelque somme que la demande puisse s'élever :

1° De toute demande civile, à fin de réparations de dommages causés, soit par des personnes, soit par des animaux, aux fonds de terre, aux bois, aux fruits des arbres, des champs et des jardins;

2° De toute réparation de maisons, d'habitations, d'édifices et de fermes placés par la loi à la charge du locataire;

3° Du paiement des salaires d'ouvriers, gages de domestiques, et de l'exécution des conventions réciproques entre les maîtres et leurs serviteurs ou ouvriers.

Art. 40. Ils connaissent des actions civiles en matière d'injure verbale sans appel, si la réparation demandée se borne à une demande d'argent n'excédant pas 50 florins, et, à charge d'appel, à quelque somme que la réclamation puisse s'élever, ou dans tous les cas où, indépendamment d'une somme d'argent, il est formé une autre demande à fin de réparation.

Art. 41. Ils connaissent également, à charge d'appel, des actions à fin de déguerpissement des maisons, édifices, habitations, magasins, écuries, greniers et caves, sans égard au montant du loyer, si le locataire ne produit point une preuve écrite de l'existence, du renouvellement ou de la prolongation du bail, ou s'il est en retard de vider les lieux.

La disposition ci-dessus est également applicable aux fermes, terres, jardins et autres fonds, pourvu que le loyer, calculé pour l'année ou sa valeur, n'excède pas 200 florins.

Dans les deux cas, les jugements peuvent être mis à exécution par provision, nonobstant appel, sans préjudice de la faculté accordée au juge de canton de faire donner caution.

Art. 42. Ils connaissent, en outre, des actions relatives aux résiliations des baux de maisons, édifices, logements, magasins, écuries, greniers et caves, ainsi que des fermes, terres, jardins et autres biens fonds, et par suite des actions en déguerpissements pour cause de non paiement des loyers, sans appel, si ce loyer, calculé pour l'année, n'excède pas 50 florins, et, jusqu'à 200 florins, en premier ressort seulement.

La disposition du dernier paragraphe de l'article précédent est également applicable à cet article.

Art. 43. Dans toutes les contestations susceptibles de transactions ou de compromis, et dans lesquelles les parties se présentent devant un juge de canton de leur choix, mais dans l'étendue de l'arrondissement, et réclament son jugement, celui-ci devra connaître de leur différent quelle qu'en soit la valeur et quelle que soit la valeur de l'objet litigieux. Dans ce cas, le juge de canton jugera toujours en dernier ressort, à moins que les parties ne se soient réservées la faculté d'appel dans les causes qui en sont susceptibles.

Art. 44. Les juges de canton connaîtront de toute contravention qui n'est point punie d'une peine supérieure à sept jours de prison ou à une amende de 75 florins ensemble ou séparément, sans qu'on puisse avoir égard à ce que la confiscation d'un objet quelconque devrait être prononcée indépendamment de la peine encourue.

Leurs jugements sont soumis à l'appel, excepté dans le cas où la contravention n'est point punie d'une peine supérieure à une amende de 20 florins.

Les dispositions ci-dessus ne sont point applicables aux contraventions en matière d'impôts qui sont de la compétence des tribunaux d'arrondissement, à moins que la loi n'ait indiqué un juge supérieur.

Ils connaissent en outre des demandes en dommages-intérêts au profit de la partie lésée, lorsque la demande n'excède pas 50 florins; lorsque la demande excède cette somme, elle doit être faite par acte séparé devant le juge civil compétent.

Art. 45. Dans les affaires mentionnées en l'article précédent, les fonctions du ministère public sont remplies par le chef de l'administration de la commune dans laquelle siége le juge de paix. Si la commune a un ou plusieurs commissaires de police, le chef de l'administration ci-dessus indiquée peut déléguer ses fonctions à l'un des commissaires, et s'il n'y en a point, déléguer à cet effet un membre de l'administration de la commune, ou une personne spéciale agréée à cet effet par le procureur-général près la cour provinciale.

TROISIÈME SECTION.

Des tribunaux d'arrondissement.

Art. 46. Il est établi, dans chaque province, un ou plusieurs tribunaux d'arrondissement, conformément au tableau annexé à cette loi.

Le nombre des tribunaux, celui des juges et des officiers du ministère public, des greffiers et greffiers-suppléants, et le montant de leurs traitements sont déterminés conformément au tableau ci annexé.

La circonscription des tribunaux d'arrondissement et la classe à laquelle chacun d'eux devra appartenir, tant sous le rapport du personnel que sous le rapport du traitement, sera réglé par une loi spéciale.

Art. 47. En cas de maladie ou d'empêchement d'un juge, il sera, à défaut d'un autre juge, remplacé par un des juges-suppléants qui pourront, au plus, être au nombre de 5 par chaque tribunal.

Art. 48. Les juges des tribunaux d'arrondissement, les officiers de justice, les greffiers et les juges-suppléants doivent, en outre des conditions exigées par la loi fondamentale, justifier du grade de docteur ou licencié en droit de l'une des hautes écoles du royaume, et avoir atteint l'âge de 25 ans accomplis. Les officiers, substituts et les greffiers-suppléants doivent également avoir le grade de docteur ou licencié en droit, et avoir atteint l'âge de 23 ans accomplis.

Art. 49. Les membres des tribunaux d'arrondissement et du ministère public sont choisis de préférence parmi les officiers, substituts, les greffiers et les juges-suppléants, ou parmi les juges de canton gradués et leurs suppléants ayant rempli pendant cinq ans leurs fonctions avec zèle et distinction.

Art. 50. Les tribunaux d'arrondissement jugent en matière civile, en nombre impair et au nombre de trois juges au moins.

Art. 51. Les présidents, vice-présidents, juges et juges-suppléants sont nommés à vie par le Roi; les officiers du ministère public, les greffiers et leurs suppléants sont nommés par le Roi, mais sont révocables.

Art. 52. Lorsqu'une place de juge-suppléant, de greffier ou de juge de canton vient à vaquer, le tribunal, y compris l'officier du ministère public, envoie au président et au procureur-général de sa cour provinciale, en se conformant aux dispositions de l'article 49, une liste de trois candidats qui sera soumise au Roi pour y avoir tel égard qu'il jugera convenable.

ART. 53. Les tribunaux d'arrondissement connaîtront en première instance de toutes les actions personnelles, réelles et mixtes de toute espèce, à l'exception de celles que la loi a réservées à la compétence des juges de canton, des cours provinciales ou de la haute cour.

ART. 54. Ils connaissent en dernier ressort :

1° De tout conflit de juridiction entre les justices de canton de leur ressort.

2° De toutes les actions personnelles et dont la valeur en capital n'excèdera pas 400 florins :

3° De toutes les affaires réelles, quand la valeur de l'objet, soit en capital, soit en revenu calculé à 5 pour 100, n'excèdera pas 400 florins ;

4° De toutes les demandes relatives aux déplacements de bornes, usurpations de terrain, arbres, haies, clôtures, fossés, dérivation et obstruction de cours d'eau formés dans l'année, et de toutes actions possessoires ;

5° De tous les jugements rendus par les juges de canton ou susceptibles d'appel.

Art. 55. Ils jugent en dernier ressort toutes les actions personnelles, réelles et mixtes, susceptibles d'appel, lorsque les parties ont déclaré renoncer à l'appel.

Cette disposition n'est point applicable aux affaires qui ne sont point susceptibles de transaction ou de compromis.

Art. 56. Ils jugent en matière correctionnelle; leurs jugements sont soumis à l'appel, excepté dans le cas où le délai n'entraîne pas une peine pécuniaire de plus de 200 florins, sans prison ou confiscation d'objets, ensemble ou séparément.

Ils connaissent aussi des demandes à fin de dommages-intérêts au profit de la personne lésée, quand la demande n'excède pas 150 florins. Quand la demande excède cette somme, elle doit faire l'objet d'une action civile séparée.

Art. 57. En matière correctionnelle, ils jugent en nombre impair, au nombre de trois juges au moins.

Art. 58. Les tribunaux d'arrondissement connaissent, en appel, des jugements rendus en première instance par les juges de canton en matière de contravention.

La disposition de l'article précédent est applicable aux jugements rendus sur appel.

Art. 59. La compétence des tribunaux d'arrondissement, relativement à l'instruction première et préliminaire des délits, ainsi que la compétence des commissaires de justice, de même que le nombre, le temps de service de ces derniers, et les autres conditions qui les concernent, sont réglés par le code d'instruction criminelle.

QUATRIÈME SECTION.

Des cours de justice provinciales.

Art. 60. Il y a dans chaque province une cour de justice provinciale.

Art. 61. Les cours de justice provinciales sont composées comme il suit :

En Hollande, d'un président, un vice-président, neuf conseillers, un procureur-général, deux avocats-généraux, un greffier et deux greffiers suppléants.

Dans le Brabant septentrional, la Gueldre, la

Zélande, Utrecht, la Frise, Overyssel, Groningue et Drenthe, d'un président, un vice-président, sept conseillers, un procureur-général, un avocat-général, un greffier, un et au plus deux greffiers suppléants.

Leur traitement est conforme au tarif annexé à ce décret.

ART. 62. Le roi nomme à vie les membres et officiers des cours provinciales, y compris le procureur-général et l'avocat-général, conformément aux dispositions de l'art. 186 de la loi fondamentale. (1)

ART. 63. Lorsqu'une place de conseiller vient à vaquer, la cour en donne connaissance aux Etats de la province, et leur envoie une liste de proposition de six candidats choisis au scrutin secret par la cour, y compris le procureur-général, à la majorité des voix, à laquelle liste les Etats doivent avoir égard dans leur présentation, ainsi qu'ils le jugeront à propos.

On aura égard, lors de la formation de ces listes, aux membres des tribunaux d'arrondissement et aux officiers du ministère public près de ces tribunaux, qui ont rempli leurs fonctions avec zèle et distinction.

(1) V. ci-après cette loi.

Art. 64. Indépendamment des conditions déterminées par la loi fondamentale, les conseillers, procureurs-généraux, avocats-généraux et greffiers des cours provinciales devront, 1° être, depuis cinq ans au moins, docteurs ou licenciés en droit de l'une des hautes écoles du royaume; 2° avoir atteint l'âge de trente ans accomplis; les greffiers suppléants devront avoir acquis de la même manière le même grade en droit, et avoir atteint l'âge de vingt-cinq ans accomplis.

Art. 65. Les cours provinciales connaîtront, en première instance, 1° de toutes les contestations judiciaires auxquelles la province est intéressée, à l'exception des droits réels; lorsque la demande n'excèdera pas 400 florins en capital, leur jugement sera en dernier ressort; 2° de tous conflits de juridiction entre des tribunaux d'arrondissement ou entre des justices de canton situés dans des arrondissements différents, mais appartenant à la province; 3° de toutes poursuites correctionnelles dans le ressort de la province contre des juges de paix, leurs suppléants, des juges, suppléants, membres du ministère public et greffiers, pour délit commis pendant la durée de leurs fonctions, ainsi que de toute demande y relative pour frais, dommages-intérêts, conformément aux dispositions du paragraphe 2 de l'art. 56.

ART. 66. Ils connaissent, en première instance et en dernier ressort, sauf le pourvoi en cassation, de toutes les contestations civiles qui sont susceptibles d'être portées en appel devant la cour, qui se présentent dans le ressort provincial, lorsque les parties invoquent à cet effet la juridiction de la cour.

ART. 67. Ils connaissent, sauf les dispositions relatives à la cour criminelle, et à l'exception des affaires réservées à la haute cour, en premier et dernier ressort, de tous les délits qui entraînent une peine corporelle ou infamante, et dont le droit de poursuite est de la compétence de l'officier établi près les tribunaux d'arrondissement dans le ressort provincial, le tout conformément aux dispositions du code d'instruction criminelle.

ART. 68. Ils connaissent, en appel, des jugements qui en sont susceptibles, rendus en première instance, en matière correctionnelle par les tribunaux d'arrondissement situés dans leur ressort provincial, sauf les dispositions relatives à la compétence de la cour criminelle.

Art. 69. Ils connaissent, en appel, des jugements qui en sont susceptibles, rendus en matière civile et en première instance par les tribunaux d'arrondissement du ressort provincial.

Art. 70. Dans les cas prévus par les art. 65, 66 et 69, les cours provinciales jugent au nombre de cinq conseillers.

Art. 71. Dans les cas prévus par les art. 67 et 68, les jugements ne pourront être rendus que par six conseillers, et aucun jugement ne pourra être prononcé qu'à la majorité des voix. En cas de partage, le jugement est favorable au défendeur.

Art. 72. Les cours provinciales peuvent, après avoir entendu le procureur-général, ou sur son réquisitoire, citer devant eux les membres du ministère public près les tribunaux d'arrondissement de leur ressort, ainsi que les juges de canton et les officiers remplissant près d'eux les fonctions du ministère public, qui appartiennent au ressort de la cour, à l'effet de leur rendre compte des négligences ou des fautes qui peuvent leur avoir été imputées.

Ils devront, s'il y a lieu, leur adresser telles réprimandes et observations qu'ils jugeront convenables, ou renvoyer l'affaire au procureur-général, s'ils trouvent dans cette affaire quelque présomption de délit.

Art. 73. Les cours provinciales devront, si elles viennent à reconnaître, par la plainte de la partie intéressée, ou de toute autre manière satisfaisante, qu'il y a eu quelque négligence dans la poursuite du délit, charger le procureur-général de leur faire rapport de l'affaire, et elles pourront, en outre, ordonner, s'il y a lieu, qu'il soit donné à l'affaire la suite requise.

Art. 74. La cour criminelle de Hollande sera composée d'un président et de huit juges, d'un officier de justice criminelle, d'un ou au plus de deux substituts, d'un greffier et d'un suppléant. Ces fonctionnaires sont nommés à vie par le Roi.

Art. 75. En cas de maladie ou d'autre empêchement d'un juge de la cour criminelle, on appellera pour le remplacer, à défaut d'un autre juge dudit collége, un juge du tribunal d'arrondissement; à cet effet, trois membres dudit tribunal, ayant l'âge requis par l'art. 64, n° 2, seront choisis par le Roi comme juges suppléants de la cour criminelle; ils ne pourront être nommés commissaires de justice pour l'instruction préalable, ni être appelés dans le tribunal d'arrondissement au jugement d'affaires criminelles.

ART. 76. Lorsqu'une place de juge viendra à vaquer dans la cour de justice, ce collége, y compris l'officier de justice criminelle, formera, au scrutin secret et à la majorité des voix, une liste de présentation de trois candidats, qu'il enverra au président de la haute cour, laquelle liste sera présentée au Roi pour y avoir tel égard qu'il jugera convenable.

ART. 77. Les dispositions de l'art. 64 sont applicables à la cour de justice criminelle, aux officiers du ministère public et aux greffiers.

ART. 78. La juridiction de la cour criminelle s'étend sur la partie de la province de Hollande dans laquelle la cour provinciale n'est pas établie.

ART. 79. Cette cour de justice juge, en premier et dernier ressort, à l'exception des affaires réservées à la haute cour, tous les délits entraînant une peine corporelle ou infamante, et que les officiers près les tribunaux d'arrondissement de son ressort sont autorisés à poursuivre, conformément aux dispositions du code d'instruction criminelle.

Art. 80. Elle connaît, en appel, des jugements qui en sont susceptibles, rendus en matière correctionnelle par les tribunaux d'arrondissement dans l'étendue de son ressort.

Art. 81. Les dispositions de l'art. 71 de cette loi sont applicables à la cour de justice criminelle.

Art. 82. Les traitements des présidents, des juges, officiers, suppléants, greffiers et greffiers suppléants de la cour de justice criminelle, sont réglés conformément au tableau joint à la présente loi.

CINQUIÈME SECTION.

De la Haute Cour.

Art. 83. La haute cour est composée d'un président, d'un vice-président, de douze conseillers au moins et de quatorze au plus, d'un procureur-général, de deux avocats-généraux, d'un greffier, et de deux ou au plus trois greffiers suppléants.

Art. 84. Le Roi nomme à vie, conformément à l'art. 186 de la loi fondamentale(1), les membres et officiers de la haute cour, ainsi que le procureur-général et les avocats-généraux.

Art. 85. Lorsqu'une place de conseiller à la haute cour viendra à vaquer, la haute cour en donnera connaissance à la seconde chambre des Etats-Généraux, et lui enverra une liste de présentation de six candidats, formée par la cour, y compris le procureur-général, au scrutin secret et à la majorité des voix, et la seconde chambre aura égard à cette liste pour sa présentation, ainsi qu'elle le jugera convenable.

Les membres des cours provinciales, de la cour criminelle et des tribunaux d'arrondissement, ainsi que les membres du ministère public près de ces cours et tribunaux, qui ont rempli leurs fonctions avec zèle et distinction, seront portés de préférence sur cette liste de présentation.

Art. 86. Les conditions requises pour être conseiller, avocat-général, procureur-général ou greffier près la haute cour sont, indépendamment de celles fixées par la loi fondamentale (2),

(1) V. ci-après l'extrait de cette loi.

(2) Art. 8 « Nul ne peut être nommé membre des Etats-

1° D'avoir acquis, depuis dix ans au moins, le grade de docteur ou licencié en droit dans l'une des hautes écoles du royaume;

2° D'avoir l'âge de trente-cinq ans accomplis.

Les greffiers suppléants doivent avoir obtenu le même grade en droit dans l'une des hautes écoles du royaume, et avoir atteint l'âge de vingt-cinq ans accomplis.

ART. 87. La haute cour connaît, en première instance, de toutes les actions dirigées contre le Roi ou les membres de sa maison royale, de toutes les actions dirigées contre l'Etat, à l'exception de celles qui concernent les contributions publiques.

Néanmoins, toutes les actions réelles devront être portées devant le juge ordinaire.

ART. 88. La haute cour connaît de même, en première instance, de tous les conflits de juridiction,

» Généraux, chef ou membre des départements d'administration générale, conseiller d'Etat, commissaire du Roi dans les » provinces ou membre de la haute cour, s'il n'est habitant des » Pays-Bas, né, soit dans le royaume, soit dans les colonies, » de parents qui y sont domiciliés.

» S'il est né à l'étranger pendant une absence de ses parents, » momentanée ou pour le service public, il jouit des mêmes » droits. »

1° Entre toutes les autorités judiciaires qui ne relèvent pas de la même cour de justice provinciale :

2° Entre les cours provinciales, y compris la cour de justice criminelle ;

3° Entre toute cour provinciale jugeant en première instance, et tout tribunal ou toute justice de son ressort ;

4° Entre une cour provinciale ou un tribunal d'un côté et l'un des colléges spéciaux désignés en l'art. 1 d'autre part.

Art. 89. La haute cour connaît, en outre, en première instance, de toute contestation en matière de prise et de butin fait et amené par les bâtiments de guerre de l'Etat ou par des bâtiments armés par des particuliers et munis de *lettres de marque*, ainsi que de toute contestation qui pourra s'élever à cet égard entre les capteurs.

Art. 90. Les arrêts rendus en première insstance et en matière civile par la haute cour seront susceptibles de révision, conformément aux dispositions du code de procédure civile.

Art. 91. La haute cour connaît, par voie d'appel, en matière civile, 1° des jugements rendus par les cours provinciales en première instance, qui lui sont déférés en appel; 2° des jugements rendus dans les colonies ou autres possessions du royaume dans les autres parties du monde, conformément aux dispositions qui seront prescrites à cet égard par le Roi.

Art. 92. La haute cour connaît, conformément à l'art. 177 de la loi fondamentale (1), en premier et dernier ressort : 1° de tous les délits (non compris les contraventions qui n'entraînent pas la peine d'emprisonnement) commis, pendant la durée de leurs fonctions, par :

Les membres des Etats-Généraux;

Les chefs des départements de l'administration publique;

Les membres du conseil d'Etat;

Les commissaires du Roi dans les provinces (2);

2° De tous les délits (non compris les contraventions qui n'entraînent point la peine de

(1) V. ci-après l'extrait de cette loi.

(2) Art. 137 de la loi fondamentale. « Le Roi nomme dans » toutes les provinces des commissaires, sous telle dénomination » qu'il juge convenable, et leur donne les instructions néces- » saires pour assurer l'exécution des lois et veiller aux intérêts » du royaume et de la province.

» Ils président l'assemblée des Etats et celles des députations » à nommer, d'après les dispositions de l'art. 153.

» A leur nomination, ils prêtent le serment d'être fidèles à » la loi fondamentale. »

l'emprisonnement) commis, pendant la durée de leurs fonctions, par :

Les grands officiers de la maison du Roi et des membres de la famille royale;

Les chanceliers des ordres du royaume;

Les ambassadeurs et autres envoyés près des puissances étrangères;

Les gouverneurs et commissaires du Roi dans les colonies et possessions du royaume dans les autres parties du monde;

Les greffiers des deux chambres des Etats-Généraux et le secrétaire du conseil d'Etat;

Les présidents, conseillers, procureur-général, avocats-généraux, greffiers et greffiers suppléants de la haute cour;

Les membres et secrétaires de la chambre générale des comptes;

Les conseillers et maîtres généraux de la monnaie et leur secrétaire;

Les membres et le greffier de la haute cour de justice militaire, les officiers du ministère public près de cette cour;

Les présidents, conseillers, officiers du ministère public et greffiers des cours provinciales, ainsi que

Le président, les membres, les officiers du ministère public près de la cour de justice criminelle;

Dans les matières correctionnelles contre les membres des hauts colléges et les officiers ci-dessus désignés, la haute cour est autorisée à prendre connaissance des demandes en paiement de frais et dommages-intérêts, conformément aux dispositions du deuxième paragraphe de l'art. 56.

Art. 93. La haute cour connaît aussi, en premier et dernier ressort,

1° Du crime de piraterie;

2° De tout délit relatif aux prises et butins mentionnés en l'art. 89.

Art. 94. Aucun recours en cassation n'est admis contre les arrêts de la haute cour.

Art. 95. La haute cour connaît des demandes en cassation formées contre les actes des cours provinciales, de la cour de justice criminelle, des tribunaux d'arrondissement et justices de canton, et contre leurs arrêts et jugements rendus en dernier ressort, sauf les dispositions finales du dernier paragraphe de l'art. 99.

Art. 96. Le pourvoi en cassation peut être formé, soit par les parties, soit d'office par le procureur-général près la haute cour, conformément aux dispositions ci-après.

Art. 97. Les lois de procédure civile et d'instruction criminelle déterminent les règles, les délais et les formes du recours en cassation.

Art. 98. Le procureur-général près la haute cour pourra se pourvoir en cassation dans l'intérêt de la loi, à l'expiration des délais accordés aux parties, sans que l'arrêt à intervenir puisse porter préjudice aux droits des parties.

Art. 99. La haute cour annule les actes, les arrêts et les jugements,

1° Pour omission des formes prescrites à peine de nullité;

2° Pour fausse application ou violation de la loi;

3° Pour excès de pouvoir.

Néanmoins, les jugements rendus en matière civile, en dernier ressort, par les juges de canton, ne peuvent être annulés que pour incompétence ou excès de pouvoir, ou parce qu'ils n'énonceraient point les motifs sur lesquels ils se fondent, ou n'auraient pas été rendus en audience publique, sans préjudice du droit réservé au procureur-général près la haute cour. de se pourvoir contre les jugements dans le seul intérêt de la loi.

Art. 100. Sauf les cas dans lesquels la loi

exige un nombre différent de conseillers, la haute cour juge en matière civile, en première instance comme en appel, ainsi qu'en matière criminelle et en cassation, au nombre de sept conseillers.

ART. 101. Dans les affaires correctionnelles mentionnées en l'art. 92, la haute cour juge au nombre de dix conseillers; en cas de partage, le jugement est favorable à l'accusé.

ART. 102. Dans les affaires correctionnelles mentionnées en l'art. 93, la haute cour juge au nombre de six conseillers; en cas de partage, le jugement est favorable à l'accusé.

ART. 103. Les parties ne sont point recevables à se pourvoir en cassation, tant que le cours ordinaire de la procédure est suffisant pour faire admettre leurs griefs, soit par le juge qui a jugé l'affaire, soit par la voie de l'appel.

ART. 104. La haute cour devra, dans toutes les affaires de cassation, observer les dispositions des deux articles suivants.

ART. 105. Lorsqu'un arrêt ou jugement sera annulé pour cause de fausse application ou violation de loi, ou pour excès de pouvoir, la haute cour devra juger au principal sans pouvoir entrer dans l'examen du plus ou moins de fondement des faits spécifiés dans l'arrêt ou le jugement déféré, l'arrêt de la cour ne devant en aucun cas être exposé à aucun recours judiciaire ultérieur.

Art. 106. Lorsque l'arrêt ou le jugement sera annulé pour inobservation des formes prescrites à peine de nullité, la cour ordonnera une nouvelle instruction à partir de l'acte dans lequel la nullité se sera rencontrée, et l'affaire sera renvoyée dans ce cas.

1° Si le jugement annulé a été rendu par une justice de canton, au tribunal d'arrondissement dans le ressort duquel elle se trouve;

2° Lorsque le jugement annulé aura été rendu par un tribunal d'arrondissement, à la cour provinciale du ressort;

3° Lorsque le jugement a été rendu par une cour provinciale, à une des cours provinciales voisines;

4° Lorsque le jugement a été rendu par la cour de justice criminelle, à la cour provinciale de Hollande.

Art. 107. La haute cour pourra réclamer des

cours, tribunaux et justices de canton du royaume, les rapports et informations qu'elle jugera convenables, avec ou sans production de pièces relatives aux affaires sur lesquelles elle sera appelée à statuer.

ART. 108. La haute cour peut, après avoir entendu le procureur-général, ou sur ses réquisitions, citer devant elle les officiers du ministère public près la cour provinciale ou la cour de justice criminelle, pour répondre aux faits d'inconduite ou de négligence à eux imputés.

La haute cour leur adressera, s'il y a lieu, telles observations et remontrances qu'elle jugera convenables, ou elle renverra l'affaire au procureur-général si elle offre des présomptions de délit.

ART. 109. La haute cour, si elle vient à connaître, par la plainte de la partie intéressée ou de toute autre manière satisfaisante, que la poursuite d'un crime réservé à la juridiction de la haute cour a été négligée, devra charger le procureur-général de lui faire rapport de l'affaire; elle pourra en outre ordonner, s'il y a lieu, qu'il sera donné à l'affaire la suite convenable.

ART. 110. Les traitements des officiers de la haute cour sont réglés conformément au tableau annexé à la présente loi.

Dispositions particulières.

Art. 111. Les fonctionnaires actuels de l'ordre judiciaire, qui ne remplissent point les conditions requises par la présente loi, peuvent néanmoins être nommés à des emplois équivalents à ceux qu'ils exercent en ce moment.

Les greffiers-suppléants actuels, qui ne sont pas docteurs ou licenciés en droit, peuvent néanmoins être nommés greffiers.

Les dispenses précédemment accordées pour cause de parenté ou d'alliance continueront à avoir leur effet.

Art. 112. Après que les sièges des différents collèges judiciaires auront été réglés, ils ne pourront plus être changés qu'en vertu d'une loi.

ETAT dressé en exécution de l'art. 36 de la loi sur l'organisation judiciaire, fixant le traitement annuel des juges de canton et de leurs greffiers.

1e classe.	1er, 2e, 3e et 4e cantons du premier arrondissement de la province de Hollande-Septentrionale.	Juge.	1,200 fl. (1)
		Greffier.	600
2e classe.	La loi spéciale, mentionnée en l'art. 36, déterminera les cantons à ranger dans cette classe.	Juge.	900
		Greffier.	450
3e classe	Ut suprà.	Juge.	800
		Greffier.	400
4e classe.	Ut suprà.	Juge.	700
		Greffier.	350
5e classe.	Ut suprà.	Juge.	600
		Greffier	300

(1) Le florin hollandais vaut 2 fr. 13 c.

ETAT dressé en exécution de l'art. 46 de la loi sur l'organisation judiciaire.

PROVINCE.	ARRONDISSEMENT.	INDICATION des principales villes comprises dans chaque arrondissement.	OBSERVATIONS.
Brabant-Septentrional. . . .	1er Arrondiss.	Bois-le-Duc ('s Hertogenbosch.)	
		Grave.	
		Heusden.	
	2e dito.	Eindhoven.	
	3e dito.	Breda.	
		Geertruidenberg.	
		Zevenbergen.	
		Bergen op Zoom.	
Gueldre.	1er dito.	Arnhem.	
		Harderwijk.	
		Hattem.	
		Elburg.	
		Wageningen.	
	2e dito.	Nimegue (Nijmegen)	
	3e dito.	Zutphen.	
		Doetichem.	
		Doesburg.	
	4e dito.	Tiel.	
		Cullenburg.	
		Zalt-Bommel.	

PROVINCE.	ARRONDISSEMENT.	INDICATION des principales villes comprises dans chaque arrondissement.	OBSERVATIONS.
Hollande-Septentrionale. .	1er Arrondiss.	Amsterdam.	
	2e dito.	Alkmaar.	
	3e dito.	Hoorn. Medemblick. Enkhuizen. Edam. Monnikendam. Purmerend.	
	4e dito.	Haarlem.	Le 4e arrondissement comprendra d'après la loi du 22 décembre 1828 le 8e canton de la province de Hollande septentrionale, et les 4e et 5e cantons du 2e arrondissement de la même province suivant la loi du 22 décembre 1828. V. art. 81 de la loi du 28 avril 1835.

PROVINCE.	ARRONDISSE-MENT.	INDICATION des principales villes comprises dans chaque arrondissement.	OBSERVATIONS.
Hollande-Méridionale. . . .	1er Arrondiss.	La Haie ('s Gravenhage). Delft.	
	2e dito.	Leyde (Leijden). Woerden.	
	3e dito.	Rotterdam. Schiedam. Gouda. Schoonhoven.	Le 8e canton du 3e arrondissement de la province de la Hollande méridionale, organisé par la loi du 22 décembre 1828, est ajouté au 4e arrondissement de la même province. V. art. 81 de la loi du 28 avril 1835.
	4e dito.	Dordrecht.	Le 4e arrondissement comprendra, outre les cantons dont il est composé, d'après la loi du 22 décembre 1828, le 8e canton du 3e arrondissement de la province de la Hollande méridionale, organisé par la même loi. Voyez art. 91 de la loi du 28 avril 1835.

PROVINCE.	ARRONDISSEMENT.	INDICATION des principales villes comprises dans chaque arrondissement.	OBSERVATIONS.
Hollande-Méridionale (suite).	5e Arrondiss.	Gorinchem Vianen Leerdam	Le 5e arrondissement comprend les 4e, 5e et 6e cantons du 4e arrondissement de la province de la Hollande méridionale, organisés par la loi du 22 décembre 1828. Voyez art. 81 de la loi du 28 avril 1835.
	6e dito.	Brielle.	Le 6e arrondissement comprend le 7e canton du 3e *arrondissement de* la province méridionale, et le 7e canton du 4e arrondissement de cette province, suivant la loi du 22 décembre 1828. Voyez art. 81 de la loi du 28 avril 1835
Zélande.	1er Arrondiss.	Middelbourg. Flessingue (Vlissingen). Veere. Sluis	
	2e dito.	Goes.	
	3e dito.	Zierikzee.	

PROVINCE.	ARRONDISSEMENT.	INDICATION des principales villes comprises dans chaque arrondissement.	OBSERVATIONS.
Utrecht.	1er Arrondiss.	Utrecht.	
	2e dito.	Amersfoort.	Le 2e arrondissement comprendra les 5e, 6e et 7e cantons du 1er arrondissement de la province d'Utrecht, suivant la loi du 22 decembre 1828. Voyez art. 81 de la loi du 28 avril 1835.
Frise. . . . . . (Vriesland.)	1er Arrondiss.	Leeuwarden.	
	2e dito.	Heerenveen.	
	3e dito.	Sneek.	Le 3e arrondissement comprendra les 8e et 9e cantons du 1er arrondissement de la province de Frise, et les 4e et 5e cantons du 2e arrondissement de la même province, conformément à la loi du 22 décembre 1828. Voyez art. 81 de la loi du 28 avril 1836.

PROVINCE.	ARRONDISSEMENT.	INDICATION des principales villes comprises dans chaque arrondissement.	OBSERVATIONS.
Overyssel . . .	1er Arrondiss.	Zwolle.	
		Kampen.	
		Vollenhoven.	
	2e dito.	Deventer.	
	3e dito.	Almelo.	
Groningue. . .	1er Arrondiss.	Groningue.	
	2e dito.	Winschoten.	
	3e dito.	Appingadam	Le 3e arrondissement comprendra les 4e et 5e cantons du 1er arrondissement de la province de Groningue, suivant la loi du 22 décembre 1828. Voyez art. 81 de la loi du 28 avril 1835.
Drenthe	Un arrondisse.	Assen.	

ETAT dressé en vertu de l'art. 46 de la loi sur l'organisation judiciaire, et indiquant le nombre de juges et des officiers de justice dont doit se composer le personnel des tribunaux d'arrondissement.

	PERSONNEL	Traitement annuel		OBSERVATIONS.
Amsterdam.	1 Président	3,000 fl.	00	Voyez l'art. 83 de la loi du 28 avril 1835.
	2 Vice-présidents chacun	2,500	00	
	12 Juges chacun	2,000	00	
	1 Officier	3,000	00	
	3 Substituts-officiers chacun	2,000	00	
	1 Greffier	1,600	00	
	3 Substituts-greffiers chacun	1,000	00	
La Haie.	1 Président	3,000 fl.	00	Voyez l'art. 83 de la loi du 28 avril 1835.
	5 Juges chacun	2,000	00	
	1 Officier	3,000	00	
	1 Substitut-Officier	2,000	00	
	1 Greffier	1,500	00	
	1 Substitut-greffier	1,000	00	
Rotterdam.	1 Président	3,000 fl.	00	Voyez l'art. 83 de la loi du 28 avril 1835.
	1 Vice-président	2,500	00	
	7 Juges chacun	2,000	00	
	1 Officier	3,000	00	
	2 Substituts-officiers chacun	2,000	00	
	1 Greffier	1,500	00	
	2 Substituts-greffiers chacun	1,000	00	

SUITE de l'état dressé en vertu de l'art. 46 de la loi sur l'organisation judiciaire.

CLASSES.	PERSONNEL.	Traitement.		OBSERVATIONS.
1re Classe.	1 Président	2,300 fl.	00	A la 1re classe appartiennent Bois-le-Duc. Arnhem. Middelbourg Utrecht. Leeuwarden. Zwolle. Groningue. V. art. 83 de la loi du 28 avril 1835.
	4 à 5 Juges chacun.	1,600	00	
	1 Officier.......	2,300	00	
	1 Substitut-officier.	1,600	00	
	1 Greffier	1,200	00	
	1 Substitut-greffier.	800	00	
2e Classe.	1 Président	2,000 fl.	00	A la 2e classe appartiennent Breda. Art. 2 de la loi du 1er juin 1830. Alkmaar. id. Hoorn. id. Haarlem. Art. 82 de la loi du 28 avril 1835. Leyde. Art. 2 de la loi du 1er juin 1830. Dordrecht. id. Deventer. id Assen. Art. 83 de la loi du 28 avril 1835.
	3 Juges chacun. . .	1,500	00	
	1 Officier	2,000	00	
	1 Substitut-officier.	1,500	00	
	1 Greffier......	1,200	00	
	1 Substitut-greffier.	800	00	
3e Classe.	1 President	1,800 fl.	00	A la 3e classe appartiennent Eindhoven. Art. 2 de la loi du 1er juin 1830. Nimegue. id Zutphen. id Tiel. id. Gorinchem. Art. 82 de la loi du 28 avril 1835. Brielle. id. Zierikzee. Art. 2 de la loi du 1er juin 1830 Goes. id. Amersfoort. Art. 82 de la loi du 28 avril 1835. Heerenveen. Art. 2 de la loi du 1er juin 1830. Sneek. Art. 82 de la loi du 28 avril 1835. Almelo. Art. 2 de la loi du 1er juin 1830. Winschoten. id. Appingadam. Art. 82 de la loi du 28 avril 1835.
	3 Juges chacun . . .	1,300	00	
	1 Officier	1,800	00	
	1 Substitut-officier.	1,300	00	
	1 Greffier	1,000	00	
	1 Substitut-greffier.	650	00	

ETAT dressé en vertu de l'art. 61 de la loi sur l'organisation judiciaire, et présentant le traitement annuel des fonctionnaires dont se compose le personnel des cours provinciales.

COURS provinciales.	PERSONNEL.	Traitement.		*Observations.*
Hollande.	1 Président	4,000 fl.	00	Voyez art. 83 de la loi du 28 avril 1835.
	1 Vice-Président	3,500	00	
	9 Conseillers, chacun	3,000	00	
	1 Procureur-général	4,000	00	
	2 Avocats-généraux chacun	3,000	00	
	1 Greffier	2,400	00	
	2 Substituts-greffiers chacun	1,500	00	
Brabant-Septentrional. Gueldre. Zelande. Utrecht. Frise. Overijssel. Groningue.	1 Président	3,300 fl.	00	Voyez art. 83 de la loi du 28 avril 1835.
	1 Vice-président	2,800	00	
	7 Conseillers chacun	2,200	00	
	1 Procureur-général	3,300	00	
	1 Avocat-général	2,200	00	
	1 Greffier	1,800	00	
	1 à 2 Substituts-greffiers chacun	1,000	00	
Drenthe.	1 Président	2,500 fl.	00	Voyez art. 83 de la loi du 28 avril 1835.
	1 Vice-président	2,200	00	
	7 Conseillers, chacun	2,000	00	
	1 Procureur-général	2,500	00	
	1 Avocat-général	2,000	00	
	1 Greffier	1,600	00	
	1 à 2 Substituts-greffiers chacun	800	00	

ETAT dressé en vertu de l'art. 82 de la loi sur l'organisation judiciaire, présentant le traitement annuel des fonctionnaires dont se compose la cour criminelle de Hollande (art. 74).

PROVINCE.	PERSONNEL.	Traitement.		Observations.
Hollande.	1 President.	3,500 fl.	00	Voyez art. 83 de la loi du 26 avril 1835.
	8 Juges, chacun.	2,200	00	
	1 Officier.	3,500	00	
	1 à 2 Substituts-officiers chacun.	2,200	00	
	1 Greffier.	1,800	00	
	1 Substitut-greffier	1,000	00	

ETAT dressé conformément à l'art. 110 de la loi sur l'organisation judiciaire, et présentant le traitement annuel des fonctionnaires dont se compose le personnel de la haute cour (art. 83).

PERSONNEL.	Traitement.		OBSERVATIONS.
1 Président.	8,000 fl.	00	Voyez art. 83 de la loi du 23 avril 1835.
1 Vice-président.	5,000	00	
12 à 14 Conseillers, chacun.	4,500	00	
1 Procureur-général.	8,000	00	
2 Avocats-généraux, chacun.	4,500	00	
1 Greffier.	3,500	00	
2 à 3 Substituts-greffiers chacun.	2,000	00	

LOI FONDAMENTALE.

(EXTRAIT).

CHAPITRE V.

De la Justice.

SECTION PREMIERE.

Dispositions générales.

ART. 162. La justice est rendue dans toute l'étendue du royaume, au nom du Roi.

ART. 163. Il y aura pour tout le royaume un même Code civil, pénal, de commerce, d'organisation du pouvoir judiciaire, et de procédure civile et criminelle.

ART. 164. La paisible possession et la paisible jouissance de ses propriétés, sont garanties à chaque habitant.

Personne ne peut en être privé, que pour cause d'utilité publique, dans les cas, et de la manière à établir par la loi, et moyennant une juste indemnité.

Art. 165. Les contestations qui ont pour objet la propriété, ou les droits qui en dérivent, des créances ou des droits civils, sont exclusivement du ressort des tribunaux.

Art. 166. Le pouvoir judiciaire ne peut être exercé que par les tribunaux établis par la loi fondamentale, ou en conséquence d'icelle.

Art. 167. Personne ne peut être distrait contre son gré, du juge que la loi lui assigne.

Art. 168. Hors le cas de flagrant délit, nul ne peut être arrêté qu'en vertu de l'ordonnance du juge, qui doit être motivée et signifiée à la personne arrêtée, au moment de l'arrestation, ou immédiatement après.

La loi détermine la forme de cette ordonnance, ainsi que le délai dans lequel tout prévenu doit être interrogé.

Art. 169. Si dans des circonstances extraordinaires, l'autorité publique fait arrêter un habitant du royaume, celui par ordre de qui l'arrestation aura été faite, sera tenu d'en donner connaissance dans les vingt-quatre heures au juge du lieu, et de lui livrer au plus tard dans les trois jours la personne arrêtée.

Les tribunaux criminels sont tenus de veiller, chacun dans leur ressort, à l'exécution de cette disposition.

ART. 170. Il n'est permis à personne d'entrer dans le domicile d'un habitant contre son gré, si ce n'est en vertu de l'ordre d'un fonctionnaire déclaré compétent à cet effet par la loi, et en observant les formes établies par elle.

ART. 171. La confiscation des biens ne peut avoir lieu pour quelque crime que ce soit.

ART. 172. Tout jugement criminel portant condamnation, doit énoncer le crime avec toutes les circonstances qui l'établissent, et contenir les articles de la loi qui prononcent la peine.

ART. 173. Les jugements civils sont motivés.

ART. 174. Tout jugement est prononcé en audience publique.

SECTION II.

De la haute cour et des tribunaux.

Art. 175. Il y a pour tout le royaume un tribunal suprême qni porte le nom de haute cour et dont les membres sont choisis, autant que possible, dans toutes les provinces.

Art. 176. La haute cour informe la seconde chambre des états-généraux, des places qui viennent à vaquer dans son sein : le Roi nomme à ces places sur une liste triple que cette chambre lui présente.

Il nomme le président de la haute cour parmi les membres.

Il nomme le procureur-général.

Art. 177. Les membres des états-généraux, les chefs des départements d'administration générale, les conseillers d'état et les commissaires du Roi dans les provinces, sont justiciables de la haute cour, pour tous délits commis pendant la durée de leurs fonctions.

Pour les délits commis dans l'exercice de leurs fonctions, ils ne peuvent être poursuivis qu'après que les états-généraux ont autorisé la poursuite.

ART. 178. La loi désigne les autres fonctionnaires qui sont justiciables de la haute cour, pour tous les délits commis pendant la durée de leurs fonctions.

ART. 179. Les actions dirigées contre le Roi, les membres de sa maison et l'état, ne peuvent être intentées que devant la haute cour ; sont exceptées les actions réelles qui sont portées devant les juges ordinaires.

ART. 180. La haute cour surveille l'administration de la justice, dans toute l'étendue du royaume ; elle veille à ce que les cours et tribunaux fassent une juste application des lois ; elle annule leurs actes et jugements qui y sont contraires : le tout en conformité des attributions qui lui sont données par le Code de procédure.

ART. 181. L'appel des causes, qui d'après les lois, sont jugées en premier ressort par les cours provinciales, est porté devant la haute cour.

ART. 182. Il y a une cour de justice, pour une ou plusieurs provinces.

Le Roi nomme aux places vacantes dans les cours, sur une liste triple qui lui sera présentée par les états-provinciaux.

Il nomme les présidents de ces cours, parmi leurs membres.

Il nomme les procureurs-généraux.

ART. 183. La justice criminelle est exclusivement administrée par les cours provinciales et par les autres tribunaux criminels, dont l'établissement sera trouvé nécessaire.

ART. 184. L'administration de la justice civile est confiée aux cours provinciales et aux tribunaux civils.

ART. 185. L'organisation des cours provinciales, des tribunaux civils et criminels, leur dénomination, leur ressort, leurs attributions, celles des procureurs-généraux et autres officiers ministériels, sont déterminés par la loi.

ART. 186. Les membres de la haute cour, des cours provinciales et des tribunaux criminels, ainsi que les procureurs-généraux et les officiers ministériels près ces cours et tribunaux sont nommés à vie.

La durée des fonctions des autres juges et officiers ministériels, est fixée par la loi.

Aucun juge ne peut être privé de sa place pendant la durée légale de ses fonctions, que sur sa demande ou par un jugement.

Art. 187. La loi règle la manière de juger les contestations et les conventions en matière d'impositions.

Art. 188. Des conseils de guerre et une haute cour militaire connaissent de tous les délits commis par des militaires de terre ou de mer.

Cette cour sera composée d'un nombre égal de jurisconsultes, d'officiers de terre et d'officiers de marine, nommés à vie par le Roi ; elle sera toujours présidée par un jurisconsulte.

Art. 189. Les tribunaux ordinaires connaissent des actions civiles intentées contre un militaire.

CODE DE COMMERCE.

Dispositions générales.

Art. 1. Le code civil est applicable aux affaires commerciales, en tant qu'il n'y est pas dérogé spécialement par le code de commerce.

Indépendamment des preuves énoncées au présent code, ainsi que dans le code civil, la preuve testimoniale sera admise en affaires commerciales dans tous les cas, quelle que soit la nature ou la valeur de l'objet, à moins qu'une preuve spéciale ne soit prescrite par ce code.

LIVRE I.

DU COMMERCE EN GÉNÉRAL.

TITRE I.

Des commerçants et des actes de commerce.

Art. 2. Sont commerçants ceux qui exercent des actes de commerce et en font leur profession habituelle.

Art. 3. La loi répute actes de commerce généralement tout achat de marchandises pour les revendre en gros et en détail, soit en nature, soit après les avoir travaillées, ou pour en louer simplement l'usage.

Art. 4. La loi répute pareillement actes de commerce :

1° Les entreprises de commissions :

2° Tout ce qui a rapport aux lettres de change, sans distinction des personnes qui pourraient y être intéressées, et aux billets à ordre, à l'égard des commerçants seulement ;

3° Les opérations des commerçants, banquiers, caissiers, courtiers, entrepreneurs d'administrations de fonds publics, tant à charge du royaume que des puissances étrangères, tous en tant qu'ils agissent en cette qualité ;

4° Tout ce qui a rapport à la construction, au radoub et à l'équipement des navires, ainsi qu'à l'achat ou à la vente des bâtiments pour la navigation intérieure ou extérieure ;

5° Toutes les expéditions et tous les transports de marchandises ;

6° Tout achat ou toute vente d'agrès, d'apparaux et avitaillement ;

7° Les associations d'armateurs, tous louages ou affrétements de navire, ainsi que les contrats à la grosse et autres contrats relatifs au commerce maritime;

8° Le contrat de louage des capitaines, officiers et gens de l'équipage, ainsi que leurs engagements pour le service des bâtiments de commerce;

9° Les opérations des facteurs, courtiers et conducteurs de navires, teneurs de livres et autres employés des commerçants, en ce qui concerne le commerce du négociant auquel ils sont attachés;

10° Tous contrats d'assurance.

Art. 5. Les obligations résultant d'abordage, — d'assistance ou de sauvetage en cas de naufrage, échouement ou épaves, — de mouillage et d'avaries, — sont aussi matières commerciales.

TITRE II.

Des livres de commerce.

Art. 6. Tout commerçant est tenu d'avoir un livre-journal qui présente, jour par jour, par ordre de date, sans blancs, interlignes ou transports en marge, ses dettes actives et passives, ses opérations de commerce, ses négociations, acceptations ou endossements de lettres de change ou effets négociables, ses engagements, et en général tout ce qu'il reçoit ou paie, à quelque titre que ce soit; le tout indépendamment des autres livres usités dans le commerce, mais dont la tenue n'est pas ordonnée par la loi.

Art. 7. Il est tenu de mettre en liasse les lettres missives qu'il reçoit, et de copier sur un registre celles qu'il envoie.

Art. 8. Il est tenu de faire, dans les six premiers mois de chaque année, un bilan de son actif et de son passif, de l'inscrire dans un registre spécial à ce destiné, et de le signer.

Art. 9. Tout commerçant est tenu de conserver ses livres pendant trente ans.

Art. 10. Si l'opération n'est pas entièrement niée, ou bien si son existence est suffisamment constatée, les livres de commerce régulièrement tenus, affirmés au besoin par le serment ou confirmés par la mort, font foi entre commerçans dans leurs affaires commerciales, du temps de l'opération et de la délivrance, de la qualité, de la quantité et des prix des marchandises, sauf la preuve contraire; les registres de copiede-lettres, régulièrement tenus, peuvent également être admis comme preuve par le juge.

Art. 11. La communication des livres de commerce, bilans et autres documents y relatifs, ne peut être ordonnée qu'en faveur de ceux qui y sont directement intéressés, pour affaires de succession, de communauté ou de société, de direction ou gestion commerciale pour le compte d'autrui, et en cas de faillite.

Art. 12. Dans le cours d'une contestation, la représentation des livres peut être ordonnée par le juge à la demande d'une des parties, ou même d'office, à l'effet d'en prendre communication ou d'en extraire ce qui concerne le différend.

Si les livres se trouvent dans un autre lieu que celui où siége le tribunal saisi de l'affaire, celui-ci peut adresser une commission rogatoire au juge du lieu où sont les livres, pour les examiner, dresser un procès-verbal de ce qu'il y a remarqué, et en faire l'envoi.

Art. 13. Celui qui néglige de représenter ses livres lorsque le juge le lui ordonne, ou bien celui qui refuse de les représenter lorsque la partie adverse offre d'y ajouter foi, fait naître une présomption contre lui.

En conséquence, le juge pourra, dans les deux cas, déférer le serment à la partie adverse, même quand il n'y aurait pas d'autre preuve.

TITRE III.

Des sociétés de commerce.

SECTION I.

Dispositions générales.

Art. 14. La loi reconnaît trois espèces de sociétés commerciales :

La société en nom collectif;

La société par forme de versement d'argent, autrement dite société en commandite;

La société anonyme.

Art. 15. Les contrats de sociétés commerciales se règlent par les conventions des parties, par les lois particulières du commerce et par le droit civil.

SECTION II.

De la société en nom collectif et en commandite.

Art. 16. La société en nom collectif est celle que contractent deux personnes ou un plus grand nombre, et qui a pour objet de faire le commerce sous une raison sociale.

ART. 17. Chaque associé, qui n'en est pas exclu par le contrat, a le droit de faire le commerce sous la raison de la société, de recevoir et de payer pour elle, et d'obliger la société envers des tiers, et réciproquement des tiers envers la société.

Cette disposition n'est pas applicable aux transactions étrangères aux affaires de la société, ni à celles qui sont interdites aux associés par le contrat.

ART. 18. Dans les sociétés en nom collectif, les associés sont obligés solidairement pour les engagements de la société.

ART. 19. La société en commandite se contracte entre une personne ou plusieurs associés responsables et solidaires, et une ou plusieurs autres personnes simples bailleurs de fonds.

Une société peut être ainsi à la fois société en nom collectif à l'égard de certains associés, et société en commandite à l'égard des bailleurs de fonds.

ART. 20. Sauf l'exception du second alinéa

de l'art. 30, le nom d'un associé commanditaire ne peut faire partie de la raison sociale.

L'associé commanditaire ne peut faire aucun acte de gestion, ni travailler pour les affaires de la société, pas même en vertu de procuration.

Il n'est passible des pertes que jusqu'à concurrence des fonds qu'il a mis ou dû mettre dans la société, sans qu'il soit jamais tenu de rendre les profits.

ART. 21. En cas de contravention aux dispositions des premier et deuxième alinéa du précédent article, l'associé commanditaire est obligé solidairement pour toutes les dettes et tous les engagements de la société.

ART. 22. Les sociétés en nom collectif doivent être formées par acte authentique ou sous-seing-privé, sans que l'omission d'un acte puisse être opposée aux tiers.

ART. 23. Les associés en nom collectif sont tenus de faire inscrire l'acte sur les registres à ce destinés au greffe du tribunal d'arrondissement, dans le lieu ou les lieux où la société est établie, et, à défaut de tribunal d'arrondissement, au greffe du juge de canton.

Art. 24. Cependant les associés en nom collectif sont libres de faire inscrire l'acte par extrait seulement, pourvu que cet extrait soit rédigé en forme authentique et signé par tous les associés.

Art. 25. Toute personne peut prendre connaissance de l'acte inscrit ou de ses extraits, et en obtenir copie à ses frais.

Art. 26. L'extrait mentionné dans l'art. 24 doit contenir :

1° Les noms, prénoms, professions et domiciles des associés en nom collectif ;

2° La raison sociale, avec mention si la société est générale, ou bien si elle est destinée à une branche spéciale de commerce, et dans ce cas avec désignation de cette branche spéciale ;

3° L'indication des associés qui sont exclus de la faculté d'employer la raison sociale ;

4° L'époque où la société commence et celle où elle doit finir ;

5° Et, en général, tous les articles du contrat qui pourraient déterminer le droit des tiers envers les associés.

Art. 27. L'inscription devra être datée du jour auquel l'acte ou l'extrait aura été remis au greffe.

ART. 28. Les associés sont tenus en outre de faire publier un extrait de l'acte, selon la disposition de l'art. 26, tant dans le journal officiel que dans un journal du lieu ou des lieux où la société est établie, et à défaut d'un tel journal, dans celui d'un lieu voisin.

ART. 29. Avant l'inscription et la publication, la société en nom collectif sera considérée, à l'égard des tiers, comme générale pour tous les actes du commerce, comme contractée pour un temps illimité, et n'excluant aucun des associés du droit de gérer et de signer sous la raison sociale.

S'il existe une différence entre les dispositions inscrites et celles rendues publiques, les dispositions qui auront été publiées dans le journal officiel et les papiers publics, aux termes de l'article précédent, auront seules effet contre les tiers.

ART. 30. La raison sociale d'une société dissoute pourra, soit en vertu de la convention, soit du consentement formel de l'ex-associé dont le nom paraissait dans la raison sociale, ou, en cas de mort, si les héritiers du défunt ne s'y opposent, être continuée par une ou plusieurs personnes, mais celles-ci doivent le constater par un acte qui sera inscrit et publié dans la forme prescrite par l'art. 23 et suivants, et sous la peine énoncée dans l'art. 29.

. La disposition du premier alinéa de l'art. 20 n'est pas applicable au cas où l'associé en nom collectif est devenu associé commanditaire.

Art. 31. La dissolution d'une société en nom collectif avant l'époque fixée par le contrat, ou occasionnée par désistement ou rénonciation, sa continuation au-delà de ce terme, ainsi que tous changements faits au contrat primitif qui concernent des tiers, sont soumis à l'inscription et à la publication dans les journaux publics voulues par les articles précédents.

Si cette annonce n'a pas eu lieu, la dissolution, le désistement, la renonciation ou le changement ne pourront être opposés aux tiers.

Si l'on a négligé l'inscription et la publication en cas de continuation de la société, les dispositions de l'art. 29 seront applicables.

Art. 32. En cas de dissolution d'une société, les associés qui avaient le droit d'en gérer les affaires, doivent en opérer la liquidation, sous la même raison, à moins qu'il n'y ait stipulation contraire dans le contrat, ou que les associés (non compris les commanditaires) ne nomment ensemble, par tête et à la majorité des voix, un autre liquidateur.

S'il y a partage, le tribunal d'arrondissement disposera selon ce qu'il estimera le plus profitable à la société dissoute.

Art. 33. Si l'état de la caisse de la société dissoute ne suffit pas pour payer les dettes exigibles, ceux qui sont chargés de la liquidation feront un appel des fonds nécessaires, que chaque associé devra fournir selon son intérêt dans la société.

Art. 34. Les fonds qui ne seront pas nécessaires pour la liquidation, seront provisoirement partagés entre les associés.

Art. 35. Après la liquidation et le partage définitif, et à défaut de stipulation à ce sujet, les registres et documents de la société dissoute resteront déposés chez l'un des associés nommé par eux, ou, en cas de partage, par le juge de l'arrondissement, à la charge d'en aider les associés ou leurs ayants-droit.

SECTION III

De la société de commerce anonyme.

ART. 36. La société anonyme n'a pas de raison sociale, elle n'est pas désignée par le nom d'un ou de plusieurs des associés, mais elle est seulement qualifiée par l'objet de son entreprise commerciale.

Avant de pouvoir l'établir, l'acte constitutif ou son projet doit être remis au Roi, afin d'obtenir son autorisation.

La même autorisation royale est requise pour chaque changement dans les conditions, et pour la continuation de la société.

ART. 37. L'autorisation royale sera accordée si la société n'est pas contraire aux bonnes mœurs ou à l'ordre public, et si l'acte ne contient pas des dispositions contraires aux art. 38-55.

En cas de refus, la raison en sera portée à la connaissance des demandeurs.

Toute société anonyme, autorisée par le Roi, sera dissoute par lui, en cas d'inobservation des dispositions et conditions de l'acte de la part des directeurs.

Art. 38. L'acte de société doit être passé devant notaire, sous peine de nullité.

Les associés sont tenus de faire inscrire l'acte en entier, ainsi que l'autorisation royale, dans les registres publics à ce destinés, et de les publier dans le journal officiel. Cette dernière formalité sera gratuite.

Ils devront en outre annoncer dans les journaux mentionnés dans l'art. 28, l'avis de l'existence de la société anonyme, avec indication de la date et du numéro du journal officiel dans lequel l'acte a été inséré.

Toutes les formalités mentionnées ci-dessus s'appliquent aux changements qui seraient apportés dans les conditions ou à la continuation de la société.

La disposition de l'art. 25 est également applicable en ce cas.

Art. 39. Jusqu'au moment où l'inscription et la publication mentionnées dans le précédent article auront eu lieu, les directeurs seront obligés personnellement et solidairement pour toute opération contractée envers des tiers.

Art. 40. Le capital de la société est divisé en actions, soit personnelles, soit en blanc.

Les associés ou porteurs de ces actions ne sont pas tenus au-delà du montant.

Art. 41. On ne peut émettre d'actions en blanc avant que leur montant ne soit versé en entier dans la caisse de la société.

Art. 42. Le mode de délivrer les actions personnelles sera désigné dans l'acte; la délivrance pourra se faire par une déclaration de l'associé et de l'acquéreur, signifiée aux directeurs, ou par une semblable déclaration, inscrite sur les livres de la société et signée par les deux parties ou en leur nom.

Art. 43. Si le montant d'une action personnelle n'est pas versé en entier, l'associé primitif ou ses héritiers ou ayants-cause restent obligés envers la société pour le versement de la mise, à moins que les directeurs et les commissaires, s'il y en a, n'aient expressément consenti la délégation du nouvel acquéreur, et libéré le premier de toute responsabilité.

Art. 44. La société est administrée par des directeurs nommés par les associés parmi eux, ou parmi des personnes non associées; ces directeurs seront salariés ou non salariés, et agissent avec ou sans la surveillance de commissaires.

Les directeurs ne peuvent être nommés d'une manière irrévocable.

Art. 45. Les directeurs ne sont pas responsables au-delà de l'exécution du mandat qu'ils ont reçu ; ils ne contractent aucune obligation personnelle, par suite des engagements de la société.

Néanmoins, s'ils enfreignent quelque disposition de l'acte ou des modifications apportées à ses clauses, ils seront obligés envers les tiers, personnellement et pour le tout, du préjudice que ces tiers en auront éprouvé.

Art. 46. La société anonyme doit être contractée pour un temps déterminé, sauf à être continuée à l'expiration de chaque terme.

Art. 47. Aussitôt que les directeurs auront la preuve que le capital social a éprouvé une perte de 50 pour 100, ils sont tenus d'en faire mention dans un registre à ce destiné au greffe du tribunal d'arrondissement, ainsi que dans les papiers publics indiqués en l'art. 28.

Si la perte est de 75 pour 100, la société sera dissoute de plein droit, et les directeurs seront responsables personnellement et solidairement envers les tiers, de toutes les obligations qu'ils ont contractées, après que l'existence de ce déficit leur aura été ou dû être connue.

Art. 48. Afin de prévenir la dissolution précitée, l'acte pourra contenir des dispositions pour la formation d'une caisse de réserve, d'où les deniers manquant pourront être pris en tout ou en partie.

ART. 49. Il est défendu de stipuler dans l'acte des rentes fixes. Les revenus seront distribués, déduction faite des dépenses.

Cependant on pourra convenir que ces dividendes n'excèderont pas une certaine quotité.

ART. 50. L'autorisation royale ne sera accordée qu'autant qu'il sera constaté que les premiers sociétaires représentent au moins la cinquième partie du capital social ; il sera fixé ensuite un délai dans lequel les autres actions devront être placées. Le Roi pourra toujours prolonger ce délai, à la demande des premiers sociétaires.

ART. 51. La société ne pourra commencer que du moment où 10 pour 100 au moins du capital de la société aura été versé.

ART. 52. Lorsque les travaux des commissaires se restreindront à surveiller seulement les directeurs, sans prendre aucune part à la direction même. ils pourront être autorisés par l'acte de société, à recevoir et à approuver les comptes des directeurs au nom des associés.

Dans le cas contraire, les comptes seront reçus et approuvés par les associés ou par des personnes spécialement désignées par l'acte.

Art. 53. Dans les sociétés d'assurance d'objets particuliers, l'acte devra spécifier le *maximum* qui ne pourra être dépassé pour l'assurance d'un seul et même objet, à moins que les associés, par une convention expresse, ne l'aient laissé à la discrétion des directeurs avec ou sans commissaires.

Art. 54. L'acte indiquera de quelle manière les associés seront appelés à voter. Néanmoins la même personne ne pourra cumuler au-delà de six voix, si la société est composée de cent actions ou davantage, ni plus de trois, si elle est composée d'un nombre inférieur.

Aucun directeur ni commissaire ne pourra voter comme mandataire.

Art. 55. Une fois par an, les directeurs sont tenus de présenter aux associés un rapport des profits faits et des pertes éprouvées par la société dans l'année précédente.

Ce rapport pourra être fait soit dans une assemblée générale, soit par l'envoi d'un état à chaque associé, soit par le dépôt d'un compte annoncé aux sociétaires pendant un certain temps désigné dans l'acte.

Art. 56. Une société dissoute sera liquidée par les directeurs, s'il n'en est autrement disposé par l'acte.

La disposition de l'art. 35 sera applicable aux sociétés anonymes.

SECTION IV.

Des associations commerciales en participation.

Art. 57. Indépendamment des trois espèces de sociétés ci-dessus, la loi reconnaît les associations commerciales en participation.

Art. 58. Ces associations sont relatives à une ou plusieurs opérations de commerce spéciales ou déterminées: elles ont lieu pour les objets et aux conditions dont les participants sont convenus.

Elles n'exigent aucun acte écrit, et ne sont pas soumises aux formalités et aux dispositions prescrites pour les sociétés.

Elles ne donnent action aux tiers que contre celui des associés avec lequel ils ont contracté.

TITRE IV.

Des bourses de commerce, courtiers et caissiers.

SECTION I.

Des bourses de commerce.

Art. 59. La bourse de commerce est la réunion des commerçants, capitaines de navires, courtiers, caissiers et autres personnes intéressées dans le commerce.

Elle a lieu sous l'autorité de l'administration locale.

Art. 60. Le résultat des négociations et des transactions qui s'opèrent à la bourse, détermine le cours du change, des marchandises, des assurances, du frêt ou nolis, du prix du transport par terre et par eau, des effets et fonds publics nationaux ou étrangers, et des autres papiers dont le cours est susceptible d'être coté.

Ces divers cours sont constatés d'après les règlements ou usages locaux.

Art. 61. L'heure où commence et finit la bourse, et tout ce qui concerne sa police intérieure, est déterminé par un règlement de l'administration locale.

SECTION II.

Des courtiers.

ART. 62. Les courtiers sont des agents intermédiaires nommés par l'administration locale.

Avant d'entrer en fonctions, ils prêteront, devant le tribunal d'arrondissement, le serment de remplir fidèlement les devoirs qui leur sont imposés.

ART. 63. La gestion des personnes intermédiaires qui ne sont pas ainsi instituées, ne produit d'autre effet que celui qui dérive du contrat de mandat.

ART. 64. Les opérations des courtiers consistent à acheter et à vendre, pour leurs commettants, des marchandises, des navires, des fonds publics et autres effets et obligations, des lettres de change, billets à ordre et autres papiers commerçables; à faire des négociations pour escomptes, assurances, contrats à la grosse, affrétements, emprunts sur gage ou autrement.

ART. 65. La nomination des courtiers est générale pour toutes sortes d'opérations, ou bien l'acte de nomination désigne le genre ou les genres d'affaires pour lesquelles ils sont reçus.

Ils ne peuvent, dans la partie ou les parties pour lesquelles ils sont reçus, faire, soit par eux-mêmes, soit par des personnes interposées, soit comme associé ou commissionnaire, des opérations pour leur compte, ni se rendre garants des opérations faites par leur entremise.

Art. 66. Les courtiers sont tenus, immédiatement après la conclusion de chaque opération, de la noter sur leur carnet et de la consigner ensuite, jour par jour, dans leur livre journal, sans blancs, interlignes ou transports en marge, avec annotation exacte des noms des parties, du jour de l'opération et de la délivrance, de la qualité, quantité et du prix des marchandises, ainsi que de toutes les conditions de l'opération.

Art. 67. Les courtiers sont tenus de donner aux parties, en tout temps et à la première réquisition, des extraits de leurs livres contenant tout ce qu'ils ont consigné de relatif à l'opération qui les concerne.

Le juge pourra imposer aux courtiers la production de leurs livres en justice, afin de comparer les extraits donnés avec les notes originales, et il pourra exiger leurs éclaircissements à cet égard.

Art. 68. Lorsque la convention n'est pas entièrement déniée, les annotations faites par le courtier sur son livre, d'après son carnet, font preuve, entre les parties, de la date de l'opération et de celle de la délivrance, de la qualité et de la quantité des marchandises, du prix et des conditions auxquelles l'opération a été contractée.

Art. 69. Les courtiers sont tenus, à moins qu'ils en soient déchargés par les parties, de conserver les échantillons de toutes les marchandises vendues par leur entremise, dûment munis d'une annotation pour en reconnaître l'identité, jusqu'au moment de la délivrance des marchandises.

Art. 70. Le courtier qui a contracté la vente d'une lettre de change ou d'un autre billet négociable, et qui le remet à l'acheteur, est civilement responsable de la vérité de la signature du vendeur, qui se trouve sur le billet.

Art. 71. Les courtiers qui contreviendront aux dispositions portées en la présente section, seront, selon les circonstances, suspendus ou destitués par l'autorité qui les a nommés, sans préjudice des peines portées par le Code pénal, et des dommages et intérêts, dont tout mandataire est tenu.

Art. 72. Le courtier, en état de faillite, sera suspendu de ses fonctions, et pourra être destitué ensuite par le tribunal.

En cas de contravention au second alinéa de l'art. 65, le courtier failli devra être destitué.

Art. 73. Le courtier destitué ne peut, en aucun cas, être réintégré dans ses fonctions.

SECTION III.

Des caissiers.

Art. 74. Les caissiers sont des personnes à qui l'on confie des sommes pour les garder et faire des paiements, moyennant salaire ou provision.

Art. 75. En cas de suspension de paiement ou de faillite, le caissier sera présumé avoir causé, par sa propre faute, le dérangement de ses affaires.

TITRE V.

Des commissionnaires, expéditeurs, voituriers et bateliers navigant dans les rivières et autres eaux à l'intérieur.

SECTION Ire.

Des commissionnaires.

ART. 76. Le commissionnaire est celui qui, en son propre nom ou sous une raison sociale, fait des actes de commerce par ordre et pour le compte de son commettant, moyennant salaire ou provision.

ART. 77. Le commissionnaire n'est pas tenu envers celui avec qui il négocie, de désigner la personne pour compte de laquelle il agit.

Il est directement obligé envers celui avec qui il a contracté, comme si l'affaire était sienne.

ART. 78. Le commettant n'a pas d'action contre celui avec qui le commissionnaire a négocié, ni celui-ci contre le commettant.

ART. 79. Toutefois si un commissionnaire a agi au nom de son mandant, ses droits et obligations même envers les tiers sont déterminés par les dispositions du code civil, au titre du *mandat*.

Art. 80. Le commissionnaire, pour toutes les actions qu'il aurait à exercer contre son commettant, tant pour le remboursement de ses avances, intérêts et frais, que pour les obligations courantes qu'il a contractées pour lui, aura un privilége sur la valeur des marchandises ou effets que le commettant lui a expédiés de l'étranger pour être vendus pour son compte. si ils se trouvent à sa disposition dans ses magasins ou dans un dépôt public, ou si ils se trouvent en sa possession de quelqu'autre manière, ou si, avant leur arrivée, il peut constater l'expédition qui lui en a été faite par un connaissement ou par une lettre de voiture.

Art. 81. Le même privilége appartient au commissionnaire auquel ont été envoyés des marchandises ou effets dans le même but, d'un autre lieu situé dans l'intérieur du royaume, mais seulement et exclusivement pour ses avances, intérêts et frais, ou pour les obligations qu'il a contractées par rapport aux marchandises ou effets sur lesquels il veut exercer son privilège.

Art. 82. Si les marchandises ou effets ont

été vendus et livrés pour le compte du commettant, le commissionnaire se remboursera sur le produit de la vente du montant de ses avances, intérêts et frais, par préférence aux autres créanciers du commettant.

Art. 83. Si le commettant a envoyé de l'étranger au commissionnaire des marchandises ou effets, avec ordre de les tenir en dépôt à sa disposition, ou bien s'il a limité son pouvoir de les vendre, et si le premier est resté en demeure de satisfaire aux obligations pour lesquelles il est accordé un privilège aux termes de l'art. 80, le commissionnaire pourra, sur la production des preuves nécessaires et sur une simple requête, obtenir du tribunal d'arrondissement de son domicile, de faire vendre les marchandises ou effets sur lesquels il est privilégié, en vente publique ou par deux courtiers nommés par le tribunal suivant le cours de la bourse ou du marché, et cela soit en totalité, soit en telle partie que le juge ordonnera, selon le montant de la dette.

Art. 84. Un commissionnaire qui a acheté pour compte d'un commettant étranger des marchandises ou effets, et qui s'en trouve nanti, pourra, outre le droit de rétention qui lui est accordé par l'art. 1849 du code civil (1), si le commettant est en défaut de lui rembourser les avances faites pour l'achat avec les intérêts et frais, obtenir du tribunal d'arrondissement de son domicile l'autorisation de vendre des marchandises et effets de la même manière et à la même fin que dans l'article précédent.

Art. 85. Les prêts, avances ou paiements qui pourraient être faits par un commissionnaire ou consignataire sur des marchandises ou effets déposés ou consignés par quelqu'un résidant dans le lieu du domicile du commissionnaire, ne seront l'objet d'aucun privilége pour le commissionnaire ou consignataire, à moins que lesdites marchandises ou lesdits effets ne lui aient été donnés en gage par acte formel, conformément aux dispositions du code civil.

SECTION II.

Des expéditeurs.

Art. 86. L'expéditeur est celui qui se charge de faire transporter des marchandises ou effets par terre ou par eau.

(1) Art. 1849. Le mandataire a le droit de retenir ce qu'il a entre les mains appartenant au mandant, jusqu'à ce qu'il ait été payé de tout ce qui lui est dû par suite du mandat.

Il est ténu d'inscrire distinctement sur un livre-journal la nature et la quantité des marchandises et effets à transporter, et, s'il en est requis, leur valeur.

ART. 87. Il est garant de l'expédition régulière et aussi prompte que possible des marchandises et effets qu'il a reçus, et doit prendre toutes les mesures de sûreté nécessaires à cette fin.

ART. 88. Il est garant des avaries ou de la perte des marchandises ou effets arrivées même après l'expédition, et qui peuvent être imputées à sa faute ou à son imprudence.

ART. 89. Il est encore garant des expéditeurs intermédiaires qu'il emploie.

ART. 90. La lettre de voiture forme le contrat entre celui qui expédie et le voiturier ou le batelier, et elle énonce, indépendamment de ce qui est convenu entre les parties à l'égard du délai fixé pour le transport et les indemnités, en cas de retard ou autrement,

1° La dénomination, le poids ou la mesure, les marques et numéros des objets à transporter,

2° Le nom de celui à qui la marchandise est adressée,

3° Le nom et la demeure du voiturier ou batelier,

4° Le prix du transport,

5° La date,

6° La signature de celui qui expédie ou de l'expéditeur.

La lettre de voiture doit être copiée sur le livre-journal de l'expéditeur.

SECTION III.

Des voituriers et des bateliers navigant sur les rivières et dans les eaux intérieures.

ART. 91. Les voituriers et les bateliers sont garants des pertes et avaries autres que celles qui proviennent du vice propre de la chose, d'une force majeure, ou de la faute ou négligence de l'expéditeur.

ART. 92. Le voiturier ou le batelier n'est pas responsable du retard par l'effet d'une force majeure.

ART. 93. La réception des objets transportés et le paiement du prix de transport éteignent toute action contre le voiturier et le batelier pour avaries ou diminution, si le défaut était extérieurement visible.

Malgré le paiement du prix, l'inspection judiciaire pourra être faite après la réception des effets, si les avaries ou la diminution n'étaient pas visibles extérieurement, pourvu que cette vérification soit demandée dans les 48 heures après la réception, et que l'identité des effets soit constatée.

Art. 94. En cas de refus des marchandises ou effets, ou de contestation à cet égard, le président du tribunal d'arrondissement, ou bien dans les lieux où il n'y en a pas, le juge de canton prendra, sur une simple requête, et après avoir entendu la partie adverse, si elle se trouve sur les lieux, les mesures nécessaires pour que leur état soit vérifié et constaté par experts; il pourra ordonner également que les effets soient emmagasinés dans un dépôt convenable, pour en payer le prix de la voiture et les frais du voiturier ou du batelier.

Le tribunal d'arrondissement pourra autoriser de la même manière qu'il est dit ci-dessus, la vente publique des marchandises sujettes à détérioration, ou d'une partie des effets, jusqu'à concurrence du prix de la voiture et des frais.

Art. 95. Toute action contre l'expéditeur et le voiturier ou batelier, à raison de la perte ou de l'avarie des marchandises ou de retard dans le transport, est prescrite après six mois pour les expéditions faites dans l'intérieur du royaume, et après un an pour celles faites à l'étranger ; le tout à compter, en cas de perte, du jour où le transport des marchandises ou effets aurait dû être effectué, et pour le cas d'avaries ou de retard, du jour que les marchandises ou effets seront arrivés.

Cette prescription ne sera pas applicable au cas de fraude ou d'infidélité.

Art. 96. Sauf les modifications résultant de règlements particuliers, les dispositions de cette section sont applicables aux entrepreneurs de voitures publiques par terre et par eau. Ils sont obligés de tenir registre des objets dont ils se chargent.

S'ils consistent en argent monnayé, or, argent, diamants, perles, pierreries fines, joyaux, effets publics, coupons ou autres papiers semblables ayant valeur d'argent, celui qui expédie est tenu d'en déclarer la valeur, et il pourra exiger qu'il en soit pris note dans le registre.

En cas de perte ou d'avarie, et à défaut de cette déclaration, il ne sera admis à prouver la valeur que d'après l'apparence extérieure de l'objet.

Si la valeur a été déclarée, toutes preuves seront admises, et le juge pourra même ajouter pleine foi à la déclaration de l'expéditeur, corroborée par le serment, et faire en conséquence l'estimation et l'adjudication de l'indemnité.

ART. 97. La navigation périodique et les autres moyens de transport resteront soumis aux règlements existants, en tant que ces règlements en sont pas contraires aux dispositions de ce titre.

ART. 98. Les droits et obligations touchant la navigation, réglés par le livre 2 de ce Code, seront applicables à la navigation des rivières, fleuves et canaux, ainsi qu'il sera expressément statué à cet égard dans le dernier titre de ce livre.

ART. 99. Les dispositions de ce titre ne seront pas applicables aux droits et obligations du vendeur et de l'acheteur.

TITRE VI.

Des lettres de change.

SECTION I.

De la nature et de la forme des lettres de change.

ART. 100. La lettre de change est un acte daté d'un lieu, par lequel le signataire charge une personne de payer dans un autre lieu, soit à vue ou de vue, soit à une époque déterminée, à celui qui est désigné, ou à son ordre, la somme y énoncée, avec reconnaissance de valeur reçue ou de valeur en compte.

ART. 101. Une lettre peut être aussi tirée :

A. A l'ordre du tireur;

B. Sur une certaine personne et payable au domicile d'un tiers;

C. Pour le compte d'un tiers.

ART. 102. Sont réputées simples promesses (si elles en ont au reste les formes requises), toutes lettres de change contenant supposition, soit de nom, soit de domicile, soit des lieux d'où elles sont tirées, ou dans lesquels elles sont payables. Toutefois, ceux qui connaissaient la supposition, ne pourront l'opposer aux tiers, qui n'en étaient pas avertis.

ART. 103. La lettre de change peut être tirée par première, deuxième, troisième, etc.

SECTION II.

Des obligations entre le tireur et le preneur d'une lettre de change.

ART. 104. Le tireur est obligé, lorsque le preneur l'exige, et sauf convention contraire, de lui délivrer la lettre de change par première, seconde et troisième, etc.; il en est fait mention dans chacune d'elles. En ce cas, une vaut pour toutes, et toutes valent pour une.

ART. 105. Le tireur est tenu, au choix du preneur, de tirer la lettre de change payable, soit au preneur lui-même ou à son ordre, soit à la personne qu'il indique ou à l'ordre de celle-ci.

ART. 106. Le tireur, ou celui pour le compte de qui la lettre de change est tirée, est tenu d'avoir soin que la provision soit faite à l'échéance chez la personne sur laquelle elle est tirée, quand même elle serait payable au domicile d'un tiers, sans que, dans aucun cas, le tireur cesse d'être personnellement obligé envers le porteur et les endosseurs précédents.

Art. 107. La provision est censée être faite chez celui sur qui la lettre est tirée, si, à l'échéance de la lettre de change ou à l'époque où elle est censée échue, aux termes de l'art. 155, il est redevable au tireur ou à celui pour le compte duquel elle est tirée, d'une somme exigible au moins égale au montant de la lettre de change.

Art. 108. Si la lettre de change est protestée faute d'acceptation ou de paiement, le tireur est tenu de la garantir, même si le protêt a été fait après les délais fixés. Toutefois s'il prouvait, dans ce dernier cas, qu'il y avait provision à l'échéance, il en serait libéré.

Si, dans ce cas, il y avait provision en partie seulement, le tireur est obligé pour le surplus.

Art. 109. Si celui sur qui la lettre est fournie ne l'a pas acceptée, et à défaut de protêt fait à temps par le porteur, le tireur n'en est pas moins tenu de céder et de transmettre à celui-ci ses droits sur la provision, que le tiré tenait de lui à l'échéance, jusqu'à concurrence de la somme y énoncée, et de fournir au porteur, aux frais de celui-ci, les pièces justificatives de ses droits, afin de les faire valoir. Si le tireur est déclaré en état de faillite, les curateurs sont tenus des mêmes obligations, à moins qu'ils préfèrent admettre le porteur comme créancier pour le montant de la lettre de change.

ART. 110. Dans aucun cas, le porteur d'une lettre de change protestée n'a droit sur la provision faite par le tireur chez celui sur qui elle est tirée.

Si la lettre de change n'a pas été acceptée, la provision reviendra à la masse, en cas de faillite du tireur.

En cas d'acceptation, la provision reste au tiré, sauf l'obligation de celui-ci de satisfaire à son acceptation vis-à-vis du porteur.

ART. 111. Si la lettre de change a été tirée à l'ordre d'un tiers, seulement pour en faire le recouvrement, il se forme, entre le tireur où celui pour le compte duquel la lettre est tirée, et le preneur, un contrat de mandat qui contient cependant pouvoir de transmettre la propriété de la lettre par endossement.

SECTION III.

De l'acceptation des lettres de change et de l'aval.

ART. 112. Une lettre de change doit être acceptée à sa présentation, ou, au plus tard, dans les vingt-quatre heures qui la suivent, sans distinction de jours de dimanche ou autres.

Après ce délai, si elle n'est pas rendue, acceptée ou non acceptée, celui qui l'a retenue est passible des frais, dommages et intérêts envers le porteur.

ART. 113. Celui qui a reçu les fonds nécessaires spécialement destinés à acquitter une lettre de change, est tenu de l'accepter, sous peine de rembourser les frais et de dommages et intérêts envers le tireur.

ART. 114. La promesse d'accepter une lettre de change ne vaut pas acceptation ; mais elle donne au tireur une action en dommages et intérêts contre le promettant qui refuse d'accepter.

Ces dommages et intérêts consistent dans les frais du protêt et du rechange, si la lettre de change a eté tirée pour le compte du tireur.

Si elle a été tirée pour le compte d'un tiers,

les dommages et intérêts consistent dans les frais du protêt et du rechange, et à rembourser au tireur la somme que, sur la foi de cette promesse et eu égard à la lettre de change, il aurait fournie au tiers.

Art. 115. L'acceptation d'une lettre de change doit être clairement exprimée, écrite et signée sur la lettre par celui sur qui elle est tirée.

Elle doit être datée, si la lettre de change est tirée à quelque temps de vue.

A défaut de date, le porteur pourra exiger le paiement au terme y exprimé, à compter du jour où la lettre a été tirée.

Art. 116. Le porteur d'une lettre de change, tirée sur une place quelconque du royaume des Pays-Bas, soit à vue, soit à un terme de vue, doit en exiger l'acceptation ou le paiement dans les délais ci-après mentionnés de la date de la lettre de change, sous peine de perdre son recours contre les endosseurs et le tireur, si celui-ci a fait provision.

Ces délais sont déterminés de la manière suivante :

Six mois pour les lettres de change tirées du continent et des îles de l'Europe;

Huit mois pour les lettres de change tirées

des échelles du Levant et des côtes septentrionales de l'Afrique;

Un an pour les lettres de change tirées des côtes occidentales de l'Afrique, jusques et compris le cap de Bonne-Espérance, ainsi que du continent de l'Amérique septentrionale et méridionale (à l'exception de la partie dénommée ci-après), et des îles des Indes occidentales.

Deux ans pour les lettres de change tirées des côtes de l'Amérique méridionale et septentrionale, situées sur la mer pacifique, au-delà du cap Horn et des îles de cette mer, ainsi que du continent de l'Asie et des iles des Indes orientales.

Les délais sont doublés en temps de guerre maritime, pour ce qui regarde les lettres de change tirées des îles de l'Europe et des lieux mentionnés dans les alinéas 4, 5 et 6 de cet article.

Toutes les dispositions ci-dessus s'appliquent réciproquement aux lettres de change tirees à vue ou à quelque temps de vue du royaume des Pays-Bas sur les lieux mentionnés ci-dessus.

Le délai est de trois mois pour les lettres de change tirées d'un lieu à un autre dans le royaume.

Art. 117. L'acceptation d'une lettre de change,

payable dans un autre lieu que celui de la résidence de l'accepteur, doit indiquer le domicile où le paiement doit être effectué ou le protêt fait.

ART. 118. Si le domiciliataire a fait faillite après l'échéance, sans que le porteur ait fait faire le protêt à temps, l'accepteur est déchargé en tant qu'il prouve avoir fait provision au domicile du tiers indiqué, sauf l'obligation mentionnée dans l'art. 109.

ART. 119. Celui qui a accepté une lettre de change, est tenu d'en payer le montant.

Il ne peut rétracter, annuler, effacer ou biffer l'acceptation une fois mise sur la lettre de change, même avant de la rendre, et n'en est pas moins tenu au paiement.

Il ne peut en empêcher la circulation par une saisie entre les mains du porteur.

Il n'est pas restituable contre son acceptation, quand même le tireur n'aurait pas fait provision, ou aurait failli à son insu avant l'acceptation, à moins que le porteur n'ait usé de moyens frauduleux pour obtenir l'acceptation.

ART. 120. L'acceptation ne peut être conditionnelle, mais elle peut être restreinte quant à la somme.

Dans le premier cas, la lettre de change doit être protestée faute d'acceptation ; dans le second cas, le porteur est tenu d'admettre l'acceptation partielle, et de faire protester la lettre de change pour le surplus.

ART. 121. En cas de protêt faute d'acceptation, la lettre de change peut être acceptée par un tiers intervenant pour le tireur, ou pour un des endosseurs, soit qu'il en ait été chargé par eux ou non.

ART. 122. Si plusieurs personnes se présentent pour accepter par intervention une lettre de change, elles seront admises par préférence et dans l'ordre suivant :

1° Celles qui interviennent pour le tireur, ou pour celui pour le compte duquel la lettre de change est tirée,

2° Celles qui veulent intervenir pour le preneur,

3° Celles qui veulent intervenir pour les endosseurs antérieurs.

ART. 123. Si plusieurs, chargés d'intervenir pour la même personne, se présentent, le porteur a le choix parmi eux.

Il en est de même s'ils se présentent plusieurs personnes non chargées d'intervenir.

ART. 124. Ceux qui se trouvent chargés d'intervenir par la personne pour le compte de laquelle ils veulent accepter, sont préférés à ceux qui, sans mandat, veulent accepter pour cette personne.

ART. 125. Le porteur, chargé ou non chargé, peut lui-même intervenir sur le même pied, et peut se donner la préférence dans les mêmes circonstances.

ART. 126. L'intervention doit être mise sur la lettre de change; il en est fait mention dans l'acte de protêt ou bien à la suite de cet acte.

ART. 127. L'intervenant est tenu de faire connaître sans délai son intervention à celui pour qui il est intervenu, sous peine des frais, dommages et intérêts, s'il y a lieu.

ART. 128. Le porteur de la lettre de change conserve tous ses droits contre le tireur et les endosseurs, à raison du défaut d'acceptation par celui sur qui elle a été tirée, nonobstant toutes acceptations par intervention.

Art. 129. Une lettre de change, acceptée par intervention, doit, faute de paiement, être protestée à l'échéance contre celui sur qui elle a été tirée.

A défaut de protêt, l'intervenant est libéré de l'obligation de payer la lettre de change, et, s'il l'a payée sans qu'il y ait eu protêt, il perd son recours contre ceux qui avaient intérêt à ce que la lettre de change fut protestée contre la personne sur qui elle a été tirée primitivement.

Art. 130. Le paiement d'une lettre de change, indépendamment de l'acceptation du tiré, peut être garanti par un *aval*.

Art. 131. Cette garantie est donnée sur la lettre de change, ou par un acte séparé, même par lettre.

Art. 132. Le donneur d'aval est tenu solidairement des mêmes obligations que les tireurs et les endosseurs, et contraignables par les mêmes voies, sauf les conventions différentes des parties.

SECTION IV.

De l'endossement des lettres de change.

ART. 133. La propriété des lettres de change payables à ordre peut se transmettre, tant qu'elles ne sont pas échues, par la voie de l'endossement.

ART. 134. L'endossement se fait sur la lettre de change ou sur une seconde, troisième, et doit être daté et signé. Il énonce le nom de celui à qui ou à l'ordre de qui le paiement doit être fait, avec mention de « valeur reçue », ou de « valeur en compte. »

Si la valeur a été fournie par un tiers, il en sera fait mention avec désignation de ce tiers.

ART. 135. Si l'endossement n'est pas fait conformément aux dispositions du précédent article, il ne vaudra que comme procuration entre l'endosseur et celui auquel il a endossé la lettre de change à l'effet de demander le paiement même en justice.

Si l'endossement est fait à l'ordre de celui auquel la lettre de change a été endossée, celui-ci pourra, par la voie de l'endossement, transmettre la propriété de la lettre de change, sauf sa responsabilité envers son mandant.

Art. 136. L'endossement peut aussi se faire en blanc, par le fait de la seule signature de l'endosseur apposée sur la lettre de change. Il est censé contenir reconnaissance de *valeur reçue*, et transmet la propriété de la lettre de change au porteur.

Art. 137. Un faux endossement ne transmet pas la propriété de la lettre de change ; il vicie tous les endossements postérieurs, sauf l'action du porteur contre tous les signataires de ces endossements.

Les endossements antérieurs à celui qui est faux conservent tous leurs effets.

Art. 138. Il est défendu d'antidater les endossements à peine de dommages et intérêts, et sans préjudice de l'action publique, s'il y a lieu.

Art. 139. Les lettres de change échues, ou qui ne sont pas payables à ordre, ne peuvent être endossées, mais la propriété doit en être transmise par un acte de cession séparé, selon les dispositions du code civil.

SECTION V.

Des obligations entre le tireur et l'accepteur, entre l'accepteur et le porteur, et entre le porteur et les endosseurs

ART. 140. Il se forme entre le tireur et l'accepteur d'une lettre de change un contrat de mandat par lequel celui-ci s'oblige à en payer à l'échéance le montant au porteur.

ART. 141. Si la lettre de change est tirée pour le compte d'un tiers, celui-ci seul en doit tenir compte à l'accepteur.

ART. 142. Le tireur est tenu de prévenir à temps celui sur qui la lettre de change est tirée, sinon il est obligé de payer les frais causés par le défaut d'acceptation ou de paiement pour ce motif.

ART. 143. Le tireur est censé avoir tiré pour son propre compte, si la lettre de change ou la lettre d'aval n'énonce pas pour compte de qui elle est tirée.

ART. 144. L'acceptation de la lettre de change

donne au porteur le droit d'en exiger le paiement de l'accepteur.

Art. 145. Si l'acceptation est fausse, tout porteur a son recours contre le tireur et les endosseurs.

Art. 146. Tous ceux qui ont signé, accepté ou endossé une lettre de change, en sont solidairement garants envers le porteur.

Art. 147. Les dispositions relatives à la responsabilité de l'accepteur, sont applicables aux intervenants pour le compte du tireur, du preneur ou de l'endosseur, sauf ce qui est dit à l'art. 129.

Art. 148. Lorsqu'après l'acceptation d'une lettre de change, et à défaut de paiement par l'accepteur, le tireur a été obligé de la rembourser, il a contre celui-ci une action tant pour les comptes à rendre de la provision, que pour les dommages occasionnés par le défaut d'exécution de son engagement.

SECTION VI.

De l'échéance et du paiement des lettres de change.

ART. 149. La lettre de change tirée à terme est payable le jour de son échéance.

ART. 150. La lettre de change tirée à vue est payable à présentation.

ART. 151. Le délai énoncé dans une lettre de change à un ou plusieurs jours de vue, ou à un ou plusieurs mois de vue, ou à une ou plusieurs usances de vue, commence à courir du jour qui suit celui de l'acceptation, ou du protêt faute d'acceptation.

ART. 152. Les mois sont tels qu'ils sont fixés par le calendrier grégorien, tant dans les lettres de change à vue, que pour celles à terme.

Pour toute lettre de change payable dans le royaume, l'usance est de trente jours, qui coure, pour les lettres de change qui ne sont pas à vue, du lendemain de leur date.

ART. 153. Une lettre de change payable en foire, doit être acquittée la veille du dernier jour de la foire, ou même le jour de la foire si elle ne dure qu'un jour.

Art. 154. Si le jour du paiement d'une lettre de change tirée à terme est un dimanche, elle est payable le lendemain.

Art. 155. Une lettre de change est censée échue dès le moment où celui sur qui elle a été tirée a fait faillite, et dès-lors le porteur peut faire le protêt.

Dans ce cas, les tireurs ou endosseurs pourront, en cas de poursuite, différer le paiement jusqu'au jour de l'échéance, moyennant la caution mentionnée en l'art. 177.

Art. 156.* Une lettre de change doit être payée dans la monnaie qu'elle indique.

Cependant si la monnaie indiquée n'avait pas de cours légal dans le royaume, et si le cours n'a pas été indiqué dans la lettre de change, le paiement sera fait en monnaie nationale, au cours de change de l'échéance et du lieu du paiement, et s'il n'y a pas de cours de change, selon celui de la place de commerce la plus voisine du lieu où la lettre doit être acquittée.

Art. 157. Si la monnaie exprimée dans une

lettre de change avait augmenté ou diminué de valeur entre son émission et son échéance, dans le lieu du paiement, par une disposition légale, le paiement de la lettre, et à défaut de paiement, les recours respectifs contre le tireur et les endosseurs, seront réglés suivant les dispositions des art. 1793 et 1794 du Code civil. (1)

Les mêmes dispositions seraient applicables, si la valeur des espèces avait été augmentée ou diminuée avant que la lettre de change eût été tirée, lorsque le tireur n'était pas à portée de connaître ce changement de valeur.

(1) Art. 1793 du Code civil. « La dette provenant du prêt d'argent ne consiste que dans la somme d'argent exprimée par le contrat.

» Si avant l'époque de l'échéance il y a eu augmentation ou diminution de la valeur de l'espèce monétaire ou changement dans le cours, la restitution de la somme d'argent se fera dans les espèces qui auront cours à l'échéance, calculées d'après leur valeur courante à cette époque. »

Art 1794. « La règle posée en l'article précédent ne reçoit pas son application lorsque le prêt consiste dans un certain nombre de pièces d'une monnaie déterminée, et que les parties sont expressément convenues que le prêt sera remboursé dans la même espèce de monnaie, et dans le même nombre de pièces. En ce cas, l'emprunteur devra rendre le même nombre de pièces, de la même valeur, ni plus ni moins.

» S'il n'existe plus de pièces de même espèce en quantité suffisante, la valeur manquante devra être bonifiée en monnaies de même métal, du même titre autant que possible, et renfermant ensemble la même quantité de métal fin qu'en contenait la quantité manquante des pièces dues. »

Art. 158. Celui sur qui la lettre de change est tirée, qui la paie ou l'escompte avant l'échéance, est responsable de la validité du paiement.

Art. 159. Le porteur d'une lettre de change ne peut être contraint d'en recevoir le paiement avant l'échéance.

Art. 160. Le paiement d'une lettre de change fait sur une seconde, troisième, quatrième, etc. est valable, lorsque la seconde, troisième, quatrième, etc., porte que ce paiement annulle l'effet des autres.

Art. 161. Celui qui paie une lettre de change sur une seconde, troisième, quatrième, etc., sans retirer celle sur laquelle se trouve son acceptation, n'opère point sa libération à l'égard du tiers porteur de son acceptation, sauf son recours contre celui à qui il a indûment payé.

Art. 162. Lorsqu'une lettre de change est tirée par première, seconde, troisième, etc., et que l'accepteur en a accepté plusieurs, il est tenu de payer toutes celles qui, à l'échéance, se trouvent en mains de divers porteurs, munis de son acceptation; sauf son recours contre ceux qui ont fait un usage multiplié de la lettre de change.

Art. 163. En cas de perte d'une lettre de change, l'accepteur n'est pas tenu de payer à celui qui se présente, à moins que celui-ci ne justifie de son droit, et ne se porte garant contre tout recours en donnant caution.

Art. 164. Celui qui paie une lettre de change à son échéance, et sans avoir reçu d'opposition, est présumé valablement libéré.

Art. 165. Celui qui se présentera avec une lettre de change qui ne lui a pas été endossée, mais qui justifiera par écrit qu'elle lui a été envoyée par l'ayant-droit pour en faire le recouvrement, pourra en demander le paiement et la faire protester, s'il y a lieu.

Art. 166. Le porteur d'une lettre de change qui en reçoit le paiement, et tous les endosseurs précédents, sont garants envers celui qui l'a payée de la validité des endossements antérieurs.

Art. 167. Sauf le cas de l'art. 163, l'accepteur n'est pas tenu de payer, à moins que la lettre de change acceptée ne lui soit remise, dûment quittancée par le porteur.

Art. 168. Si l'accepteur veut payer une partie du montant de la lettre, le porteur est tenu de la recevoir en décharge du tireur et des endosseurs; il doit faire protêt pour le surplus.

Art. 169. Dans le cas de l'article précédent, celui sur qui la lettre de change est tirée doit se contenter d'une annotation sur la lettre même et d'une quittance signée par le porteur, mais il ne peut exiger la remise de la lettre de change.

Art. 170. Une lettre de change protestée peut être payée par tout intervenant pour compte du tireur, ou pour un des endosseurs.

Le paiement par intervention sera constaté dans l'acte de protêt ou à la suite de l'acte.

Art. 171. Celui qui paie une lettre de change par intervention est subrogé par le paiement aux droits du porteur, et il est tenu des mêmes obligations.

Il est tenu de plus de donner avis immédiatement du paiement à celui pour lequel il est intervenu, sous peine de tous frais, dommages et intérêts, s'il y a lieu.

ART. 172. Si le paiement par intervention est fait pour le compte du tireur, tous les endosseurs sont libérés.

S'il est fait pour un endosseur, tous les endosseurs subséquents sont libérés.

ART. 173. S'il y a concurrence pour le paiement d'une lettre de change par intervention, on suivra les règles établies ci-dessus à l'égard des acceptations par intervention.

ART. 174. Si celui sur qui la lettre de change était originairement tirée, et contre lequel a été fait le protêt faute d'acceptation, se présente pour la payer, il sera préféré à tous autres.

SECTION VII.

Des droits et des obligations des porteurs, faute d'acceptation ou de paiement d'une lettre de change.

ART. 175. Le porteur d'une lettre de change qui l'a présentée à celui sur qui elle est tirée pour la faire accepter, est tenu de la faire protester faute d'acceptation.

ART. 176. La lettre de change doit être présentée à l'acceptation au domicile de celui sur qui elle est tirée, et non au domicile où elle est payable.

Art. 177. Sur la notification du protêt faute d'acceptation, les endosseurs et le tireur sont respectivement tenus de donner caution pour assurer le paiement de la lettre de change à son échéance, ou d'en effectuer de suite le remboursement avec les frais du protêt et de rechange.

La caution soit du tireur, soit de l'endosseur, n'est solidaire qu'avec celui qu'elle a cautionné.

Art. 178. Dans le cas de faillite de l'accepteur avant l'échéance, le porteur peut faire protester et exercer son recours de la manière ci-dessus indiquée.

Art. 179. A défaut de paiement au jour de l'échéance, le porteur est tenu de faire protester la lettre de change acceptée ou non acceptée, le jour suivant.

Si ce jour là est un dimanche, le protêt doit être fait le lendemain.

Art. 180. Le paiement d'une lettre de change doit être demandé et le protêt fait au domicile de celui sur qui la lettre a été tirée.

Si la lettre de change est tirée ou acceptée

pour être payée à un autre domicile déterminé ou par une autre personne désignée, soit dans la même commune, soit dans une autre, le paiement doit être demandé et le protêt fait à ce domicile ou sur cette personne.

Si celui qui doit payer la lettre est entièrement inconnu, et qu'on ne puisse découvrir son domicile, le protêt devra être fait au bureau de poste du domicile où la lettre doit être payée, et à défaut de bureau de poste, chez le chef de l'administration locale. Il en sera de même si la lettre de change est tirée pour être payée dans une autre commune que celle où demeure celui sur qui elle a été tirée, lorsque le domicile où le paiement doit être fait n'a pas été indiqué.

Art. 181. Si celui sur qui la lettre de change a été tirée refuse de la payer, le porteur est tenu d'en demander le paiement à celui qui a accepté par intervention, ou à celui à qui au besoin l'acceptation ou le paiement a été recommandé dans la lettre de change même.

Le protêt sera fait sur chacune des personnes indiquées au paragraphe précédent qui refusera le paiement, et pourra être compris dans le même acte.

Art. 182. Les protêts, faute d'acceptation et

de paiement, sont faits par un notaire ou par le greffier du juge du canton, ou par un huissier ; ils seront assistés de deux témoins.

Les actes de protêt contiennent :

1° La transcription littérale de la lettre de change, de l'acceptation, des endossements, de l'aval et des recommandations qui y sont indiquées ;

2° L'énonciation qu'il a été fait sommation d'accepter ou de payer la lettre de change aux personnes ou au domicile mentionnés aux deux articles précédents, et qu'il n'y a pas été satisfait ;

3° Les raisons alléguées pour refuser l'acceptation ou le paiement ;

4° L'interpellation de signer et les motifs du refus ;

5° L'énonciation que le notaire, le greffier ou l'huissier a protesté faute d'acceptation ou de paiement.

Art. 183. Les notaires, greffiers ou huissiers devront, à peine de dommages et intérêts, laisser copie des protêts et en faire mention dans cette copie ; ils seront tenus de les inscrire par ordre de date, dans un registre particulier, coté et paraphé par le juge de canton de leur résidence, et s'ils en sont requis, d'en délivrer une ou plusieurs copies aux intéressés.

ART. 184. Le porteur d'une lettre de change protestée faute d'acceptation ou de paiement, est tenu, à peine de dommages et intérêts, de le signifier à son cédant dans les cinq jours s'ils demeurent dans la même commune.

Si tous deux ne demeurent pas dans la même commune, le porteur est tenu, sous la même peine, d'envoyer à son cédant une copie du protêt certifiée conforme par le fonctionnaire qui l'a fait, au plus tard le premier jour de la poste après les cinq jours ci-dessus, ou s'il n'y a pas de poste régulière, par la première occasion connue après les cinq jours.

ART. 185. Chaque endosseur est tenu, dans le même délai, à compter du jour du protêt, et sous la même responsabilité, de le faire signifier ou de l'envoyer à son cédant, et cela de la même manière qu'il est dit au précédent article.

ART. 186. Le porteur d'une lettre de change protestée faute de paiement, peut en demander le remboursement à l'accepteur, au tireur et aux endosseurs, comme étant tous solidairement obligés.

Il a le choix de les poursuivre collectivement ou séparément.

En poursuivant le tireur seul, tous les endosseurs sont libérés.

ART. 187. Le porteur d'une lettre de change protestée faute de paiement, peut encore s'en procurer le remboursement par la voie du rechange.

Le rechange est une retraite du porteur d'une lettre de change sur le tireur ou sur un des endosseurs du principal de la lettre protestée et de ses frais, d'après le cours du change à l'époque de la retraite.

Cette retraite ne fait perdre aucun droit de poursuite contre les codébiteurs, si le paiement n'a pas lieu.

ART. 188. Le rechange se règle, à l'égard du tireur, sur le cours du change du lieu où la lettre de change était payable, sur le lieu d'où elle a été tirée.

Dans aucun cas il n'est tenu de payer un cours plus élevé.

ART. 189. Le rechange se règle, à l'égard des endosseurs, sur le cours du change du lieu où la lettre de change a été remise ou négociée par eux, sur le lieu où le remboursement s'effectue.

ART. 190. S'il n'existe pas de cours de change entre ces différentes places, le rechange aura lieu d'après le cours des deux places les plus voisines.

ART. 191. La retraite est accompagnée d'un compte de retour.

ART. 192. Le compte de retour contient le principal de la lettre de change protestée, les frais de protêt et autres frais légitimes, tels que commission de banque, courtage, timbre et ports de lettres.

Il énonce le nom de celui sur qui la retraite est faite, et le prix du change auquel elle est négociée.

Il est certifié par un courtier de change, ou s'il n'en existe pas sur le lieu, par deux négociants.

Il est accompagné de la lettre de change protestée et du protêt, ou d'une copie certifiée du protêt.

Dans le cas où la retraite est faite sur l'un des endosseurs, elle est accompagnée, en outre, d'un certificat qui constate le cours du change du lieu où la lettre de change était payable, sur le lieu d'où elle a été tirée, ou sur celui où le remboursement est fait.

Art. 193. On ne peut faire qu'un compte de retour pour chaque lettre de change.

Ce compte de retour est payé par l'un des endosseurs à un autre respectivement et finalement par le tireur.

Art. 194. On ne peut cumuler les rechanges. Chaque endosseur n'en supporte qu'un seul, ainsi que le tireur.

Art. 195. L'intérêt du principal de la lettre de change protestée faute de paiement, est dû à compter du jour du protêt.

Art. 196. L'intérêt des frais de protêt, rechanges et autres frais légitimes, n'est dû qu'à compter du jour de la demande en justice.

Art. 197. Il n'est point dû de rechange, si le compte de retour n'est pas accompagné des certificats prescrits par l'art. 192 ci-dessus.

Art. 198. Le porteur d'une lettre de change protestée peut, en cas de faillite, se présenter, pour la totalité de sa créance, à toutes les masses de ceux qui sont obligés.

Tous les dividendes qu'il reçoit dans une des masses, ne déchargent les autres masses ou coobligés non faillis, que jusqu'à concurrence de ce qu'il a reçu.

Art. 199. Néanmoins, si le porteur d'une lettre de change fait un arrangement volontaire avec le tireur ou l'accepteur, il perd son recours contre tous les endosseurs.

Si cet arrangement a lieu avec l'un des endosseurs, il perd son recours contre tous les endosseurs postérieurs, et conserve ses droits contre les endosseurs antérieurs, le tireur et l'accepteur.

Si l'arrangement est fait avec le tireur, l'accepteur qui n'a pas reçu de provision est entièrement déchargé; dans le cas contraire, il reste responsable.

Si l'arrangement a été conclu avec l'accepteur, nanti de provision, tout recours cesse contre le tireur.

Art. 200. Le porteur d'une lettre de change protestée a aussi une action en indemnité contre le tiers, pour le compte de qui la lettre de change a été tirée, s'il en a reçu la valeur.

Art. 201. Le porteur d'une lettre de change qu'il a fait protester trop tard, perd ses droits contre les endosseurs, et ne peut agir que contre l'accepteur, sauf les obligations du tireur spécifiées dans les art. 108 et 109 ci-dessus.

ART. 202. Si la lettre de change a été expédiée assez à temps pour arriver, avant son échéance, aux mains de celui à qui elle est adressée, et être présentée par celui-ci pour le paiement, et que, par suite d'un cas non prévu ou de force majeure, elle n'y arrive qu'après le jour de l'échéance, elle doit être présentée le lendemain de son arrivée, et protestée faute de paiement, si celui sur qui elle est tirée demeure dans le même lieu que le porteur.

S'il demeure autre part, ou si la lettre de change est domiciliée ou payable dans un autre lieu, la présentation et le protêt devront être faits dans la huitaine après la réception.

Si le cours des postes est interrompu, la lettre de change doit être expédiée par la voie extraordinaire la plus sûre, et le porteur conserve son droit, s'il l'a présentée et fait protester faute de paiement de la manière ci-dessus indiquée.

ART. 203. Le porteur d'une lettre de change protestée et égarée peut en demander le remboursement au tireur, en justifiant de son droit et en donnant caution.

SECTION VIII.

De l'extinction des obligations provenant des lettres de change.

Art. 204. Sauf les dispositions des trois articles suivants, les dettes provenant des lettres de change sont éteintes par tous les moyens de libération indiqués au Code civil, et en outre par l'arrangement volontaire, dont il est parlé en l'art. 199 de ce code.

Art. 205. En cas de faillite, le débiteur de la masse qui voudra compenser, au moyen d'une lettre de change échue, devra prouver qu'il en est devenu propriétaire de bonne foi avant la faillite.

Art. 206. A l'exception de ce qui est établi à l'article suivant, les dettes provenant de lettres de change sont prescrites par dix ans, à compter du jour de l'échéance.

Néanmoins, ceux qui opposeront cette prescription seront tenus, s'ils en sont requis, d'affirmer sous serment qu'ils ne redoivent plus rien par rapport à la lettre de change: et leurs héritiers ou ayants-cause qu'ils estiment de bonne foi qu'il n'est plus rien dû à ce sujet.

Art. 207. L'action contre les endosseurs et contre le tireur d'une lettre de change protestée faute de paiement, et ce dernier quand et autant qu'il prouve avoir fait provision, est prescrite par les délais suivants :

Pour les lettres de change tirées du royaume et payables :

Dans les places des échelles du Levant et des côtes septentrionales de l'Afrique, le délai est de quinze mois ;

Dans les places sur les côtes occidentales de l'Afrique, jusques et compris le cap de Bonne-Espérance ; sur le continent de l'Amérique septentrionale et méridionale (à l'exception de la partie dénommée ci-après) et des îles des Indes occidentales, le délai est de dix-huit mois ;

Dans les places sur les côtes de l'Amérique méridionale et septentrionale, situées sur la mer pacifique au-delà du cap Horn et sur des îles de cette mer, ainsi que sur le continent de l'Asie et des îles des Indes orientales, le délai est de deux ans ;

Sur tout autre lieu, le délai est d'un an.

Les délais ci-dessus de quinze, dix-huit mois et de deux ans, sont doublés en temps de guerre maritime.

La prescription commence à courir contre le porteur de la lettre de change à compter du jour de l'échéance, et contre chaque endosseur, à compter du jour où le paiement lui a été demandé en justice, ou, s'il n'y a pas eu d'action judiciaire, à compter du jour où il a volontairement payé.

TITRE VII.

Des billets ou promesses à ordre, des assignations, des effets sur caissiers et autres effets au porteur.

SECTION I.

Des billets à ordre ou promesses à ordre.

ART. 208. Le billet à ordre ou la promesse à ordre est un écrit daté et signé, par lequel quelqu'un s'oblige de payer, à son domicile ou à celui d'un autre, dans la même commune ou ailleurs, à une époque déterminée ou non, la somme qui s'y trouve exprimée, à l'ordre du preneur, avec reconnaissance de valeur reçue ou de valeur en compte.

ART. 209. Toutes les dispositions énoncées dans le titre précédent, relatives aux lettres de change, et concernant :

L'échéance,

L'endossement,
La solidarité pour le tout,
L'aval,
Le protêt,
Les devoirs et droits du porteur,
Le rechange, les intérêts et frais,
Le paiement et l'intervention,
La prescription et autres moyens d'extinction, sont applicables aux billets à ordre ou promesses à ordre.

SECTION II.

Des assignations.

ART. 210. Une assignation est un écrit daté et signé, par lequel celui qui l'émet indique une personne pour payer la somme y énoncée à une autre personne désignée ou à son ordre, dans la même commune où l'écrit a été émis, sans distinguer si la reconnaissance de valeur reçue ou de valeur en compte s'y trouve mentionnée ou non.

ART. 211. Lorsque l'écrit est payable dans un autre lieu que celui où il a été donné, il sera néanmoins considéré comme une assignation, pourvu qu'il n'y soit pas fait mention de valeur reçue ou de valeur en compte.

Art. 212. Les assignations à ordre peuvent être endossées de la même manière que les lettres de change.

Art. 213. Le paiement d'une assignation, sans jour indiqué, doit être demandé, et, à défaut, le protêt, faute de paiement, doit être fait au plus tard dans le mois après la date, si la personne indiquée pour le paiement demeure dans la même commune où l'assignation a été donnée, et dans les trois mois au plus tard, si elle demeure ailleurs.

Art. 214. L'assignation payable à un certain temps de vue doit être présentée à la personne indiquée au plus tard dans le délai d'un mois ou de trois mois, selon les distinctions faites par l'art 213, quant au domicile, afin que cette personne la signe comme *vue*, avec mention de la date.

Ce visa, sans acceptation expresse, n'est pas considéré comme acceptation.

En cas de refus de visa, l'assignation sera protestée, comme si le paiement eût été refusé, sans qu'il soit nécessaire de protester ensuite faute de paiement.

Art. 215. L'assignation qui échoit à un temps

déterminé, par suite du visa mentionné dans l'article précédent ou de son contenu, est payable de même que les lettres de change de cette espèce, et le protêt doit en être fait dans la même forme, faute de paiement.

Art. 216. Le porteur d'une assignation protestée devra en faire part, dans les cinq jours après celui du protêt, à celui qui la lui a donnée en paiement.

Art 217. Il est tenu aussi, sous peine de tous frais, dommages et intérêts, de donner avis du protêt à celui qui l'a originairement émis, si l'assignation a été faite à ordre et endossée.

Art. 218. Le porteur qui a négligé ce qui est prescrit aux art. 213, 214, 215 et 216, et a payé la valeur, perdra son recours contre celui qui lui a donné l'assignation; et s'il n'a pas payé, il est tenu d'acquitter le montant de l'assignation.

Dans les deux cas, le signataire doit céder et transmettre au porteur l'action qu'il a contre la personne désignée pour le paiement, jusqu'à concurrence de l'assignation, et lui procurer en même temps, aux frais de celui-ci, les preuves nécessaires pour faire valoir cette action.

Si la personne désignée pour le paiement ne doit rien au signataire, ou moins que le montant de l'assignation, le signataire est tenu d'indemniser le porteur.

Art. 219. Outre le recours contre le signataire de l'assignation, chaque porteur n'a que son recours contre l'endosseur qui le précède immédiatement, sans pouvoir s'adresser à un endosseur antérieur.

Art. 220. L'action provenant d'une assignation se prescrit de la même manière que celle pour les lettres de change.

SECTION III.

Des effets sur caissiers et des autres effets au porteur.

Art. 221. Les effets sur caissiers et autres effets au porteur doivent contenir la date précise de leur émission primitive.

Art. 222. Celui qui a primitivement émis l'effet sur caissiers ou un autre effet au porteur payable par un tiers, dans la forme d'une assignation ou d'un mandat, est garant de l'acquittement envers chaque porteur pendant dix jours après la date, celle-ci non comprise.

ART. 223. La responsabilité de celui qui a primitivement émis l'effet continuera néanmoins s'il ne prouve que, pendant le délai indiqué en l'article précédent, il a fait provision pour le montant de l'effet chez la personne sur qui cet effet a été donné, et qu'il a laissé depuis cette somme chez ladite personne.

ART. 224. Celui qui a primitivement émis l'effet, et qui, par suite des dispositions précédentes est libéré de toute responsabilité, n'en est pas moins obligé de procurer au porteur, aux frais de celui-ci, les pièces nécessaires afin de poursuivre ses droits contre celui sur qui l'effet a été donné.

ART. 225. Indépendamment des obligations du souscripteur primitif, quiconque a donné l'effet en paiement reste responsable envers celui qui l'a reçu, pendant trois jours, non compris celui de l'émission.

ART. 226. Si celui qui a donné un ou plusieurs billets ou mandats sur son caissier est déclaré depuis en état de faillite, le caissier pourra néanmoins procéder au paiement de ces billets ou mandats avec les sommes qui y sont affectées, jusqu'au moment où il sera fait opposition, soit par un ou plusieurs porteurs d'autres billets ou mandats, soit par les curateurs de la masse, soit par tout autre intéressé.

En cas d'opposition, ou si le caissier n'a pas procédé au paiement, les deniers que le caissier tient du failli resteront séparés, afin que les porteurs d'effets ou de mandats dûment donnés avant la faillite en soient payés par préférence aux autres débiteurs, soit en entier, soit au marc le franc, sans distinction de la date des mandats.

ART. 227. Le porteur d'une promesse au porteur est tenu d'en demander le paiement dans le délai de trois jours après et non compris celui où il l'a reçu en paiement; en cas de non-paiement, il doit présenter la promesse dans un même délai à celui qui la lui a donnée en paiement; le tout sous peine de perdre son recours contre celui-ci, mais sauf son droit contre le signataire de la promesse.

Si la promesse exprime le jour où elle sera payable, le délai de trois jours ne commence à courir que le lendemain du jour indiqué pour le paiement.

ART. 228. Si le dernier jour d'un des délais mentionnés en ce titre tombe un dimanche, l'obligation et la responsabilité seront continuées jusques et compris le jour suivant.

Art. 229. Toute action contre ceux qui ont émis des effets de l'espèce mentionnée dans cette section, est prescrite par dix années à compter du jour de l'émission primitive.

Néanmoins ceux qui invoqueront cette prescription seront tenus, s'ils en sont requis, d'affirmer sous serment qu'ils ne doivent plus rien par rapport auxdits effets, et leurs héritiers ou ayants-cause qu'ils estiment de bonne foi qu'il n'est plus rien dû à ce sujet.

Celui qui à originairement émis l'effet mentionné dans l'art. 222 est tenu, s'il en est requis, d'affirmer sous serment qu'il a fait provision pendant le délai de l'article susdit jusqu'à concurrence de l'effet émis, chez la personne sur qui il a été donné, et qu'il y a laissé depuis cette somme, et ses héritiers ou ayants-cause, qu'ils l'estiment de bonne foi.

TITRE VIII.

De la revendication en matière de commerce.

Art. 230. Si des marchandises sont vendues et livrées, et que le prix n'ait pas été entièrement payé, le vendeur a le droit de revendiquer les marchandises, en cas de faillite de l'acheteur, conformément aux dispositions suivantes.

Art. 231. Le droit de revendication ne pourra être exercé que sur les marchandises qui, sans avoir été confondues avec d'autres, sont identiquement les mêmes que celles vendues et livrées.

La preuve en sera admise encore bien qu'elles soient déballées, remballées ou diminuées en quantité.

Art. 232. Les marchandises vendues à terme, ou sans terme indiqué, pourront être revendiquées si elles se trouvent encore en route, soit par terre, soit par eau, ou si elles se trouvent encore en nature en la possession du failli ou d'un tiers qui les possède ou conserve pour le failli.

Dans les deux cas, la revendication ne pourra être faite que dans les trente jours à compter de celui où les marchandises seront entrées dans les magasins du failli ou du tiers.

Art. 233. Si l'acheteur a payé une partie du prix, le vendeur est tenu de rendre la somme déjà reçue à la masse, dans le cas de revendication de la somme entière.

Art. 234. Si les marchandises se trouvent seulement en partie dans la masse, la restitution sera faite en proportion du prix de la vente du tout.

Art. 235. Le vendeur qui reçoit les marchandises en retour, est tenu d'indemniser la masse du failli de tout ce qui est payé ou dû pour droits, prix de voiture, commission, assurance, avarie grosse, et tout ce qui a été fait pour conserver les marchandises.

Art. 236. Lorsque l'acheteur a accepté une lettre de changeou un autre papier négociable pour le prix entier des marchandises livrées et vendues, il n'y a pas lieu à revendication.

S'il n'a accepté que pour une partie de la dette, la revendication pourra avoir lieu pourvu qu'il soit donné caution au profit de la masse du failli, pour ce qu'on pourrait exiger d'elle par suite de l'acceptation.

Art. 237. Si les marchandises revendiquées ont été mises en gage chez un tiers de bonne foi, le vendeur conservera ses droits de revendication, mais il est tenu par contre de rembourser au gagiste la somme prêtée, les intérêts stipulés et les frais.

Art. 238. Il n'y a pas lieu à la revendication des marchandises, si elles ont été vendues en route sur facture ou sur connaissement ou lettre de voiture par un tiers de bonne foi.

Néanmoins le vendeur primitif pourra, tant que le prix ne sera pas acquitté, le demander de l'acheteur jusqu'à concurrence de ce qui lui est dû, et il sera privilégié sur cette somme sans qu'elle puisse faire partie de la masse du failli.

Les dispositions du précédent alinéa sont encore applicables, si les marchandises, après avoir été en possession du failli ou de quelqu'un de sa part, sont devenues, de bonne foi, la propriété d'un tiers.

Art. 239. Les curateurs de la masse d'un failli auront la faculté de retenir pour elle les marchandises revendiquées, en payant au vendeur le prix convenu entre lui et le failli.

Art. 240. Les marchandises envoyées en commission et se trouvant en nature entre les mains du commissionnaire failli, ou d'un tiers qui les possède ou les garde pour lui, peuvent être revendiquées par le commettant, sauf l'obligation de l'art. 235.

Il y aura également lieu à la revendication du prix de vente de marchandises envoyées en commission et vendues et livrées par le commissionnaire, en tant que le prix n'a pas été acquitté avant la faillite, quand même, pour être garant de la solvabilité des acheteurs, il est perçu un *ducroire* (*del credere*).

Art. 241. Les dispositions de l'art. 237 sont applicables au cas où les marchandises envoyées en commission ont été prises en gage par un tiers de bonne foi.

Art. 242. Lorsqu'il se trouve dans la masse du failli des lettres de change et autres effets de commerce non encore échus, ou échus et non encore payés et confiés au failli avec le simple mandat d'en faire le recouvrement et d'en garder la valeur à la disposition du propriétaire, ou pour en faire des paiements spécialement désignés, ou s'ils étaient spécialement destinés à servir au paiement de lettres de change acceptées par le failli, ou de billets payables à son domicile, ces lettres de changes et autres effets de commerce pourront être revendiqués, tant qu'ils se trouvent en nature entre les mains du failli ou d'un tiers qui les possède ou les garde pour lui, sauf néanmoins le droit de la masse de demander caution pour ce qui pourrait être réclamé sur ces effets par suite des acceptations du failli.

Art. 243. Bien qu'il n'y ait ni disposition ni acceptation, ainsi qu'il est dit en l'article précédent, les lettres de change et effets négociables ou autres remis au failli, pourront être également revendiqués, même s'ils sont entrés dans un compte-courant, pourvu que celui qui les a remis ne fût pas débiteur d'une somme quelconque à l'époque des remises envers le failli, non compris les frais de la remise.

Art. 244. Hors le cas de faillite, les marchandises vendues sans terme et non payées pourront être revendiquées suivant les dispositions de l'art. 1191 du Code civil (1), et en observant celles prescrites aux art. 231, 233, 234, 236 et 237 du présent Code.

Art. 245. La revendication de ces marchandises cessera, si elles sont achetées de bonne foi par un tiers, et si elles lui sont livrées après s'être trouvées dans la possession de l'acheteur primitif ou de quelqu'un pour lui.

(1) Art. 1191 du code civil : « Si la vente est faite sans terme, le vendeur a lui-même la faculté de réclamer les marchandises, tant que celles-ci se trouvent entre les mains de l'acheteur, et de mettre opposition à leur revente, pourvu que la revendication soit formée dans les trente jours après la livraison, et que les marchandises se trouvent encore dans l'état où elles ont été livrées. »

Néanmoins si le prix de la vente n'a pas été acquitté par ce tiers, le vendeur primitif pourra demander ces deniers jusqu'à concurrence de son compte, pourvu que l'action soit intentée dans le délai de trente jours après la délivrance primitive.

TITRE IX.

Des assurances en général.

Art. 246. L'assurance est un contrat par lequel l'assureur s'oblige envers l'assuré, moyennant une prime, à l'indemniser d'une perte ou d'un dommage, ou de la privation d'un profit espéré qu'il pourrait éprouver par un évènement incertain.

Art. 247. Elle peut avoir entre autres choses pour objet :

Les risques de l'incendie,

Les risques des récoltes,

La durée de la vie d'un ou de plusieurs individus,

Les risques de mer et de l'esclavage,

Les risques de transport par terre et par rivières et eaux intérieures.

Les deux dernières espèces seront traitées dans le livre second.

Art. 248. Les dispositions des articles suivants sont applicables à toutes les assurances qui font l'objet de ce livre ainsi que du livre second de ce code.

Art. 249. A moins de stipulation expresse, l'assureur n'est tenu, dans aucun cas, des dommages ou de l'avarie causés directement par le vice propre ou par la nature des objets assurés.

Art. 250. L'assureur n'est pas tenu à indemnité, si celui qui a fait assurer pour soi, ou si celui pour le compte duquel un autre a assuré, n'a pas intérêt dans la chose assurée au temps de l'assurance.

Art. 251. Rend le contrat nul, toute déclaration fausse ou toute réticence de circonstances connues de l'assuré, même faite de bonne foi, qui serait de nature à empêcher le contrat ou à en modifier les conditions, si l'assureur eût été averti du véritable état des choses.

Art. 252. On ne peut, à peine de nullité de la seconde assurance, faire assurer une seconde fois, pour le même temps et les mêmes risques, des objets dont l'entière valeur aurait déjà été assurée, sauf les cas prévus par la loi.

Art. 253. Si l'assurance surpasse la valeur de

l'objet assuré, elle n'est valable que jusqu'à concurrence de cette valeur.

Si la valeur entière de l'objet n'a pas été assurée, l'assureur n'est obligé, en cas de dommages, qu'en proportion de ce qui est assuré à ce qui ne l'est pas.

Néanmoins les parties sont libres de convenir expressément que, sans égard à la plus grande valeur de l'objet assuré, les dommages seront compensés jusqu'à concurrence de la valeur entière de la somme assurée.

Art. 254. Est nulle, la renonciation faite lors du contrat d'assurance ou pendant sa durée aux dispositions impératives ou prohibitives de la loi.

Art. 255. L'assurance doit être constatée par un acte écrit qui porte le nom de *police*.

Art. 256. Toute police, à l'exception de celles d'assurances sur la vie, doit contenir :

1° La date du jour auquel l'assurance a été conclue,

2° Le nom de celui qui fait assurer, soit pour son compte, soit pour le compte d'un tiers,

3° Une désignation suffisamment claire de l'objet assuré,

4° La somme pour laquelle on assure,

5° Les risques que l'assureur prend pour son compte,.

6° L'époque à laquelle le risque doit commencer et finir pour le compte de l'assureur,

7° La prime de l'assurance, etc.

8° En général, toutes les circonstances dont la connaissance pourrait être d'un intérêt réel pour l'assureur, ainsi que toutes autres stipulations faites par les parties.

La police doit porter la signature de chaque assureur.

ART. 257. Le contrat d'assurance subsiste dès que la convention a été arrêtée entre les parties, et les droits et obligations réciproques de l'assureur et de l'assuré commencent dès ce moment, même avant la signature de la police.

Le contrat emporte l'obligation pour l'assureur de signer la police dans le temps convenu et de la délivrer à l'assuré.

ART. 258. Le contrat doit être prouvé par écrit : cependant, tous les autres moyens de preuve seront admis, s'il y a commencement de preuve par écrit.

S'il survient des contestations sur les clauses et conditions particulières du contrat avant la délivrance de la police, elles pourront être constatées par tous les moyens de preuve admis en matière commerciale ; néanmoins, les choses dont la loi requiert la mention dans la police de certaines assurances, à peine de nullité, ne pourront être constatées que par écrit.

Art. 259. Si l'assurance a été conclue directement entre l'assureur et l'assuré ou son mandataire ou fondé de pouvoirs, la police devra être signée et remise par l'assureur dans les 24 heures après la présentation, à moins qu'un plus long délai ne soit accordé par la loi, dans un cas particulier quelconque.

Art. 260. Si elle a été conclue par l'intermédiaire d'un courtier d'assurance, la police signée devra être remise dans l'espace de huit jours après la conclusion du contrat.

Art. 261. En cas d'omission de ce qui est prescrit par les deux articles précédents, l'assureur ou le courtier est passible, envers l'assuré, des dommages et intérêts qui en pourraient résulter.

Art. 262. Si une personne est chargée de faire une assurance pour une autre, et qu'elle la tienne pour son propre compte, elle est censée assurer aux conditions qu'on lui a proposées, et à défaut de cette indication, aux conditions de la place où elle aurait dû exécuter son mandat, ou si la place n'a pas été indiquée, de son domicile ou de la bourse la plus voisine.

Art. 263. Lorsque les objets assurés changent de propriétaire pendant la durée de l'assurance, elle court au profit de l'acheteur ou du nouveau propriétaire, même sans transport, pour ce qui regarde les dommages survenus, dès que l'objet est aux risques et périls de l'acheteur ou du nouveau propriétaire, le tout à moins que le contraire ne soit stipulé entre l'assureur et l'assuré primitif.

Si, lors de la vente ou de la transmission de la propriété, l'acheteur ou le nouveau propriétaire refuse d'accepter l'assurance, et si l'assuré primitif conserve encore un intérêt dans l'objet assuré, elle continuera pour autant à son profit.

Art. 264. L'assurance pourra être faite par une personne non-seulement pour son propre compte, mais aussi pour celui d'un tiers, soit en vertu d'un mandat spécial ou général, soit même à l'insu de l'assuré, et cela conformément aux dispositions suivantes.

Art. 265. En cas d'assurance pour un tiers, il faut que la police contienne la mention expresse si elle a lieu en vertu de mandat ou à l'insu de l'assuré.

Art. 266. L'assurance faite sans mandat et à l'insu de l'assuré est nulle en tant que le même objet était assuré par lui, ou par un tiers muni de pouvoir, avant l'époque à laquelle l'assuré a reçu connaissance de l'assurance contractée à son insu.

Art. 267. Celui qui a contracté une assurance, sera considéré comme l'ayant fait pour lui-même, si la police n'exprime pas qu'elle est faite pour le compte d'un tiers.

Art. 268. L'assurance peut avoir pour objet tout intérêt appréciable à prix d'argent et sujet à quelques risques, si la loi ne l'a pas exclue.

Art. 269. Est nulle toute assurance faite sur un intérêt quelconque, dont le dommage existait déjà à l'époque du contrat, si l'assuré, ou bien celui qui a fait assurer avec ou sans mandat, avait connaissance de l'avarie des objets assurés.

Art. 270. La présomption d'en avoir eu connaissance existe si le juge déclare, d'après les circonstances, que depuis le dommage occasionné il s'est écoulé un temps suffisant pour que l'assuré en ait pu être instruit.

En cas de doute, le juge pourra ordonner que les assurés ou leurs mandataires prêteront serment qu'ils n'avaient pas connaissance des dommages existants lorsqu'ils ont contracté.

Si une partie défère le serment à l'autre, il devra dans tous les cas être ordonné par le juge.

Art. 271. L'assureur peut en tout temps faire réassurer les objets qu'il a assurés.

Art. 272. Lorsque, par une renonciation signifiée à l'assureur, l'assuré l'aura déchargé de toute obligation ultérieure, il pourra faire assurer de nouveau son intérêt pour le même temps et le même risque.

Dans ce cas, il sera fait mention dans la nouvelle police de l'assurance antérieure, ainsi que de la renonciation qui y est faite, à peine de nullité.

Art. 273. Si la valeur des objets assurés n'a pas été exprimée par les contractants dans la police, elle pourra être constatée par tous les moyens de preuve.

Art. 274. Si cette valeur a été énoncée, le juge pourra néanmoins ordonner à l'assuré la justification ultérieure de la valeur exprimée, dans les cas où l'assureur donnerait des raisons, faisant naître une juste présomption de l'exagération de la valeur des objets assurés.

L'assureur pourra, dans tous les cas, prouver cette exagération en justice.

Art. 275. Cependant lorsque l'objet assuré a été préalablement apprécié par experts nommés par les parties, et au besoin assermentés par le juge, l'assureur ne pourra contester l'appréciation, si ce n'est en cas de fraude, et sauf les exceptions particulières faites par la loi.

Art. 276. L'assureur n'est pas passible des avaries ou dommages causés par le fait de l'assuré. Il peut même exiger ou retenir la prime, si le risque a déjà commencé.

Art. 277. S'il existe plusieurs contrats d'assurance faits de bonne foi, et que le premier contrat en assure la valeur entière, il subsistera seul, et les suivants seront annulés.

Si la valeur entière n'est pas assurée par le premier contrat, les assureurs qui ont signé les contrats postérieurs en date répondent de l'excédant en suivant l'ordre des dates de ces contrats d'assurance.

Art. 278. Lorsque plusieurs assureurs ont assuré sur une même police, même sous différentes dates, au-delà de la valeur des objets assurés, ils ne sont engagés que pour la valeur réellement assurée, et chacun en proportion de la somme pour laquelle il a signé.

La même disposition aura lieu, si plusieurs assurances ont été contractées le même jour en vue du même objet.

Art. 279. L'assuré ne peut, dans les cas prévus par les deux articles précédents, annuler une assurance antérieure afin de rendre responsables les assureurs postérieurs.

Si l'assuré décharge les assureurs antérieurs, il est censé s'être mis en leur place pour la même somme et dans le même ordre.

S'il fait une réassurance, les réassureurs prennent sa place et dans le même ordre.

Art. 280. Il n'y a pas de convention illicite

à assurer de nouveau un objet déjà assuré pour sa valeur entière, en tout ou en partie, sous la condition expresse qu'on ne pourra faire valoir ses droits contre les assureurs qu'autant qu'on ne pourra s'indemniser de la première assurance.

En cas d'une pareille convention, les contrats précédents doivent être clairement décrits à peine de nullité, et les dispositions des art. 277 et 278 devront recevoir leur application.

Art. 281. Dans les cas où il y a nullité du contrat d'assurance en entier ou en partie, et si l'assuré a agi de bonne foi, l'assureur doit restituer la prime ou la portion de la prime qu'il a reçue jusqu'à concurrence des risques qu'il n'a pas courus.

Art. 282. Si le contrat est annulé pour dol, fraude ou mauvaise foi de l'assuré, la prime est acquise à l'assureur sans préjudice de l'action publique contre l'assuré s'il y a lieu.

Art. 283. Sauf les dispositions particulières faites pour telle ou telle espèce particulière d'assurance, l'assuré est tenu d'être aussi diligent que possible afin de prévenir ou de diminuer le dommage, et il est tenu d'en faire part à l'assureur aussitôt qu'il est survenu, le tout sous peine de dommages et intérêts s'il y a lieu.

Les frais faits par l'assuré pour prévenir ou diminuer les dommages sont à la charge de l'assureur, même s'ils excèdent, avec le dommage survenu, le montant de la somme assurée, ou si les peines prises ont été inutiles.

Art. 284. L'assureur qui a payé le dommage arrivé à l'objet assuré est subrogé de plein droit aux actions que l'assuré aurait contre des tiers à raison de ce dommage, et l'assuré répond de tout acte qui préjudicierait aux droits de l'assureur contre ces tiers.

Art. 285. Si pendant le cours d'une assurance l'assureur est déclaré en état de faillite, l'assuré pourra demander soit la résiliation du contrat, soit une caution suffisante qu'il sera satisfait pleinement par la masse aux obligations de l'assureur.

Art. 286. Les sociétés d'assurance mutuelle sont régies par leurs conventions et règlements, et en cas d'insuffisance par les principes du droit. La prohibition du dernier alinéa de l'art. 289 s'applique spécialement aussi à ces sortes de sociétés.

TITRE X.

De l'assurance contre les risques de l'incendie, contre ceux auxquels les produits de l'agriculture sont sujets, et de l'assurance sur la vie.

SECTION Ire.

De l'assurance contre les risques de l'incendie.

Art. 287. La police pour incendie doit énoncer, indépendamment des mentions prescrites par l'art. 256 :

1° La situation et les tenants et aboutissants des immeubles assurés,

2° Leur usage,

3° La nature et l'usage des bâtiments qui y sont adjacents, en tant que cela peut influer sur le contrat,

4° La valeur des objets assurés,

5° La situation et les tenants et aboutissants des bâtiments et endroits où les objets mobiliers assurés se trouvent placés ou emmagasinés.

Art. 288. Les assurances de propriétés bâties

mentionneront si, en cas de dommages, ils seront remboursés par une indemnité, ou si les propriétés seront rebâties ou réparées jusqu'à concurrence de la somme assurée.

Dans le premier cas, la perte sera évaluée par la comparaison de la valeur du bâtiment avant le dégât, avec la valeur de ce qui en restera après l'incendie, et alors les dommages seront acquittés en argent.

Dans le second cas, l'assuré est tenu de rebâtir ou de réparer. L'assureur a le droit de veiller à ce que la somme qu'il doit payer soit réellement employée à cette fin dans un temps donné que le juge fixera au besoin, et le juge pourra même, sur la demande de l'assureur, ordonner à l'assuré d'en donner caution suffisante s'il y a lieu.

Art. 289. Les objets pourront être assurés pour leur entière valeur.

Lorsqu'on conviendra de faire reconstruire, il sera stipulé par l'assuré que les frais nécessaires au rétablissement seront supportés par l'assureur.

Lors d'une telle stipulation, l'assurance ne pourra excéder dans aucun cas les trois quarts de ces frais.

Art. 290. Seront pour le compte de l'assureur toutes les pertes et tous les dommages survenus aux objets assurés par suite d'incendie, occasionné par l'orage ou quelque autre accident, par le feu, par négligence, la faute ou la méchanceté de domestiques, voisins, brigands et autres, de quelque manière que l'incendie soit commencé, avec ou sans préméditation, naturellement ou d'une manière extraordinaire, sans aucune exception.

ART. 291. Le dommage qui est considéré comme la suite de l'incendie, est assimilé à celui que l'incendie a occasionné directement, quand même il proviendrait de l'incendie de bâtiments voisins, comme par exemple les dégâts de l'objet assuré par l'eau et tout autre moyen d'arrêter le feu, la perte par vol ou autrement pendant l'extinction du feu et le tumulte, ainsi que le dommage occasionné par la démolition partielle ou totale de l'objet assuré faite par ordre supérieur afin de prévenir les progrès de l'incendie.

ART. 292. Est assimilé aux dommages causés par incendie, celui qui provient d'une explosion de poudre, d'une machine à vapeur, de la foudre, etc., quand même ils n'auraient pas occasionné d'incendie.

ART. 293. L'obligation résultant de l'assurance cessera lorsqu'un édifice assuré recevra une autre destination, et deviendra par cela plus exposé à l'incendie, de manière que l'assureur ne l'aurait pas assuré, ou ne l'aurait assuré qu'à d'autres conditions, s'il eût eu cette destination avant l'assurance.

ART. 294. L'assureur est déchargé de l'obligation d'indemniser, s'il prouve que l'incendie a été causé par la faute grave ou la négligence de l'assuré lui-même.

ART. 295. En cas d'assurance d'objets mobiliers et de marchandises, dans une maison, dans un magasin ou autre dépôt, le juge pourra déférer le serment à l'assuré, à défaut et en cas d'insuffisance des preuves voulues par les art. 273, 274 et 275.

Les dommages sont évalués suivant la valeur des objets au temps de l'incendie.

ART. 296. S'il n'y a pas de conventions particulières dans la police, les expressions de *biens meubles*, *mobiliers*, *meubles ou ameublements* seront prises dans la signification qui leur est donnée au titre premier, livre second du Code civil.

Art. 297. S'il a été convenu, par une hypothèque entre le débiteur et le créancier, qu'en cas de dommage survenu à l'immeuble grevé assuré ou à assurer, les deniers provenant de l'assurance remplaceront l'hypothèque jusqu'à concurrence de la créance et des intérêts, l'assureur, à qui cette convention a été signifiée, sera tenu de liquider l'indemnité due avec le créancier hypothécaire.

Art. 298. Cette convention n'a de suite qu'autant que le créancier hypothécaire aurait été utilement colloqué, dans le cas où il n'y eût pas eu de perte.

SECTION II.

Des assurances contre les risques auxquels sont sujets les produits de l'agriculture.

Art. 299. La police doit énoncer, indépendemment des mentions exigées par l'art. 256 :

1° La situation et les tenants et aboutissants des terres dont les produits sont assurés,

2° Leur usage.

Art. 300. L'assurance pourra être contractée pour une ou plusieurs années.

A défaut de temps fixé, l'assurance est censée contractée pour un an.

ART. 301. Pour évaluer le dommage, on calculera quelle aurait été la valeur des fruits, si le désastre n'était pas survenu au temps de la récolte, ainsi que l'usage dont ils peuvent être, et la valeur qu'ils ont encore après le désastre. L'assureur paiera la différence comme indemnité.

SECTION III.

De l'assurance sur la vie.

ART. 302. La vie d'une personne pourra être assurée au profit de quelqu'intéressé, pour un temps qui sera fixé dans le contrat, à peine de nullité.

ART. 303. L'intéressé pourra contracter l'assurance même à l'insu ou sans le consentement de celui dont la vie est assurée.

ART. 304. La police contiendra :

1° Le jour du contrat,

2° Le nom de l'assuré,

3° Le nom de la personne dont la vie est assurée,

4° L'époque où les risques commenceront et finiront pour l'assureur,

5° La somme pour laquelle on a assuré,

6° La prime de l'assurance.

Art. 305. L'évaluation de la somme et la détermination des conditions de l'assurance sont laissées à la volonté des parties.

Art. 306. Si la personne dont la vie est assurée était déja morte au moment du contrat, la convention est nulle, lors même que l'assuré n'aurait pu être instruit du décès, à moins de convention contraire.

Art. 307. L'assurance est encore nulle, si celui qui a fait assurer sa vie se rend coupable de suicide ou est puni de mort.

Art. 308. Ne sont pas comprises dans cette section les sociétés pour veuvage, tontines, les sociétés d'assurance mutuelle sur la vie, ainsi que les autres conventions semblables, fondées sur des chances de vie ou de mortalité, qui requièrent une certaine mise ou contribution fixée.

LIVRE II.

DES DROITS ET OBLIGATIONS QUI RESULTENT DE LA NAVIGATION.

TITRE I.

Des navires.

ART. 309. Les navires sont meubles.

Néanmoins la propriété des navires en tout ou en partie ne pourra être transférée qu'en vertu d'un acte écrit et transcrit dans un registre public à ce spécialement destiné.

ART. 310. Si des navires appartenant à des sujets du royaume sont transmis en pays étranger à des étrangers, la propriété s'en transfert d'après les lois et usages du lieu où l'on se trouve.

ART. 311. A l'égard de la vente judiciaire des navires, on suivra les règles prescrites par le Code de procédure civile.

ART. 312. La propriété des navires ne se transmet, en cas de vente faite soit à l'intérieur, soit à l'étranger, qu'avec ses charges et sauf les droits et priviléges énoncés aux art. 313, 314 et 315.

ART. 313. Dans le cas du précédent article, sont privilégiées et dans l'ordre suivant, les créances ci-après spécifiées :

1° Les salaires d'assistance, de sauvetage et ceux des pilotes,.

2° Les droits de tonnage, fanaux, feux, quarantaine et autres frais de port,

3° Les gages des gardiens et frais de garde des bâtiments,

4° Le loyer des magasins servant au dépôt des agrès et apparaux,

5° Les gages du capitaine et des gens de l'équipage,

6° La livraison de voiles, cordages et autres choses nécessaires, et les frais d'entretien ou de réparation du bâtiment et de ses agrès et apparaux,

Les sommes prêtées au capitaine, ou payées pour son compte pour les besoins du bâtiment, ainsi que le remboursement du prix des marchandises qu'il a dû vendre pour faire face aux dettes mentionnées ci-dessus, et enfin les sommes prêtées à la grosse pour acquitter en tout ou en partie les dettes, y compris la prime de l'emprunt à la grosse.

Les dettes énoncées aux numéros 1, 2, 5 et 6 ne jouissent du privilége qu'autant qu'elles ont été contractées à cause du dernier voyage du navire, et cela

Pour celles mentionnées aux numéros 1 et 2 ainsi qu'au dernier alinéa du numero 6, si elles ont été contractées pendant le voyage;

Pour celles mentionnées au n° 5 et au premier alinéa du n° 6, si elles ont été contractées depuis le jour où le navire a été mis en état pour faire le voyage, jusqu'à celui où le voyage est considéré comme terminé;

Le voyage est censé terminé 21 jours après l'arrivée du navire à sa destination, et plus tôt quand les dernières marchandises ou effets seront débarqués;

Les dettes énoncées au n°s 3 et 4 jouissent du privilége si elles ont été contractées depuis le jour où le navire est entré dans le port jusqu'à celui de la vente;

7° Les frais du radoub nécessaire du navire et de ses apparaux, autres que ceux mentionnés au n° 6 ci-dessus, pendant les trois dernières années, à compter du jour où le radoub a été achevé;

8° Les dettes provenant de la construction du

navire et les intérêts dus pour les trois dernières années ;

9° Les contrats à la grosse sur le corps et quille du navire et ses apparaux, pour les victuailles, armement et équipement, s'ils ont été payés et signés avant le départ du navire, sans y comprendre la prime de l'emprunt à la grosse ;

10° Les dommages et intérêts dus aux affréteurs pour défaut de délivrance des marchandises, et pour remboursement des avaries souffertes par lesdites marchandises, par l'infidélité ou la faute du capitaine ou de l'équipage.

Art. 314. Les créances mentionnées au précédent article, comprises dans le même numéro et contractées dans le même port, viendront en concurrence ; mais si, en poursuivant le voyage, de pareilles dettes ont été faites par nécessité dans d'autres ports ou dans le même port, lorsque le navire a dû y rentrer après en être sorti, les dettes contractées postérieurement sont préférées aux dettes antérieures.

Art. 315. Après les créances énoncées en l'art. 313, seront encore privilégiés sur les navires :

1° Le prix d'achat du navire non payé avec les intérêts dus pour les deux dernières années ;

2° Le montant d'autres créances pour lesquelles

le navire serait spécialement affecté, avec les mêmes intérêts, et cela, que le navire ait été mis ou non en la possession du créancier ou d'un tiers.

Les créances mentionnées dans cet article ne seront privilégiées qu'autant qu'elles ont été stipulées par acte ayant date certaine, et inscrites au registre mentionné en l'art. 309.

Le rang entre ces priviléges sera réglé par la priorité des inscriptions.

Art. 316. Les priviléges mentionnés ci-dessus sont éteints, si le navire transmis à un autre a navigué pendant 60 jours après sa sortie du port, sous le nom et pour compte du nouveau propriétaire, sans que les créanciers privilégiés aient protesté ; la protestation ne profite qu'au créancier qui l'a faite.

Ces dispositions ne s'appliquent pas à la vente à l'étranger mentionnée en l'art. 310 : alors les charges, priviléges et droits restent intacts.

Art. 317. En cas de vente judiciaire, les frais de justice seront préférés à toute autre créance.

Art. 318. En cas de faillite ou d'insolvabilité du propriétaire du navire, toutes les actions et créances à la charge du navire sont préférées sur le prix à celles des autres créanciers de la masse, sans que la préférence puisse s'étendre aux deniers d'assurance.

ART. 319. Le vendeur d'un navire est tenu de faire connaître à l'acquéreur toutes les créances privilégiées, et de lui en donner une liste signée.

TITRE II.

Des propriétaires, copropriétaires et des directeurs de navires.

ART. 320. Si deux ou plusieurs personnes ayant des droits de propriété sur le même navire, en font usage en commun, il se forme une association dont les intérêts sont réglés par les propriétaires du navire, à la pluralité des suffrages, en proportion de la part de chacun d'entre eux.

La plus petite part est comptée pour une voix, et le nombre de voix de chacun est fixé par multiplication de la plus petite part.

ART. 321. Le propriétaire ou les copropriétaires d'un navire, chacun en proportion de sa part, sont civilement responsables des faits du capitaine, pour ce qui est relatif au navire et à l'expédition.

Cette responsabilité cesse par l'abandon du navire et du fret gagné ou à percevoir pour l'expédition à laquelle se rapportent les faits et obligations du capitaine.

Cet abandon sera déclaré dans un acte par devant notaire.

Chaque copropriétaire sera libéré de sa responsabilité par l'abandon de sa part dans la forme ci-dessus.

Si le propriétaire ou les copropriétaires ont fait assurer leur intérêt dans le navire ou dans le fret, leur recours contre l'assureur ne sera pas compris dans l'abandon.

Art. 322. Tout propriétaire ou copropriétaire d'un navire est personnellement responsable, en proportion de sa part, pour les frais de radoub du navire et autres faits par son ordre ou par ordre de l'association.

Art. 323. Chaque copropriétaire est tenu de contribuer à l'équipement du navire, en proportion de sa part, laquelle en répond.

Art. 324. Si un navire se trouve par nécessité dans un port pour être radoubé, et que la majorité des propriétaires consente au radoub, la minorité sera tenue d'y accéder ou de renoncer à ses parts en faveur des autres copropriétaires, qui sont tenus de les accepter; la valeur en sera estimée, dans ce cas, par experts.

Art. 325. Si la majorité des propriétaires consent à la dissolution de l'association et de la vente du navire, la minorité y est obligée. La vente doit être publique, à moins que les propriétaires en soient convenus autrement à l'unanimité.

Cependant l'association ne peut être dissoute qu'après le voyage fini.

Art. 326. Nul autre qu'un copropriétaire ne peut être nommé directeur de l'association, si ce n'est du consentement unanime de tous les copropriétaires.

Le directeur est révocable à volonté.

Art. 327. Le directeur représente tous les associés, et peut agir en leur nom, tant en justice qu'extrajudiciairement, en tant que cette faculté n'a pas été restreinte par le présent code ou par des conditions particulières expressément insérées au contrat d'association.

Art. 328. Il engage le capitaine et le congédie à volonté.

Si le capitaine a reçu son congé pour une cause légitime, il n'a aucun droit à une indemnité quelconque.

S'il a reçu son congé sans cause légitime, avant le commencement du voyage, il a droit aux journées durant le temps de son service, mais s'il a reçu son congé pendant le voyage, son loyer entier lui est dû avec les frais de retour, à moins qu'il n'y ait convention contraire par écrit.

Les mêmes dispositions sont applicables au propriétaire et à l'association du navire.

Art. 329. Si le capitaine congédié est copropriétaire du navire, il peut renoncer à la copropriété, et exiger le remboursement de la valeur de sa part, déterminée par les experts.

Art. 330. Le directeur a la direction entière de tout ce qu'exigent l'entretien, l'équipement, l'avitaillement et l'affrétement du navire.

Art. 331. Il ne peut entreprendre un nouveau voyage ou contracter un nouvel affrétement sans le consentement des copropriétaires ou de la majorité, à moins qu'un pouvoir plus étendu à cet égard ne lui soit accordé par le contrat d'association.

Art. 332. Il est tenu envers les copropriétaires de tous les frais, dommages et intérêts qu'ils éprouvent par sa faute ou son infidélité. Sa part dans le navire y est affectée par privilége.

Art. 333. Le directeur ne peut faire assurer le navire qu'avec l'autorisation expresse de tous les copropriétaires.

Art. 334. Il est tenu de faire assurer les frais du radoub fait pendant le voyage, à moins que le capitaine n'ait emprunté à la grosse pour le montant des frais du radoub.

Art. 335. Il oblige par son fait tous les copropriétaires, en proportion de leurs parts, mais ceux-ci ne peuvent aliéner leur part dans le navire et le fret déjà gagné ou à percevoir pour l'expédition à laquelle les faits ont rapport, dans la forme prescrite par l'art. 321, sans être tenu à quelque chose de plus.

Art. 336. Tous les copropriétaires sont personnellement obligés, en proportion de leur part, pour les réparations ou autres frais ordonnés par le directeur, s'il en a été spécialement chargé, ou s'il en a averti l'association.

Les expressions générales du contrat d'association ne sont pas considérées comme un mandat particulier ni comme un avertissement.

ART. 337. Le directeur est tenu de donner à chaque copropriétaire, sur sa demande, les renseignements nécessaires en ce qui concerne le navire, le voyage et l'équipement, et de représenter les registres, lettres et documents, ainsi que tout ce qui est relatif à sa gestion.

ART. 338. Il est tenu, après chaque voyage, de rendre compte de sa gestion aux copropriétaires et à chacun d'eux, sur sa demande, tant pour ce qui concerne l'état du navire et de l'association, qu'à l'égard du voyage fini, en leur représentant tous les documents à l'appui. Il est obligé de leur payer de suite le solde qui leur revient.

ART. 339. Chaque copropriétaire est tenu d'ouïr et de clore les comptes du directeur, et de payer sa quote-part dans le solde qui pourrait lui incomber.

ART. 340. L'approbation des comptes du directeur, donnée par la majorité, n'empêche pas la minorité de faire valoir ses droits.

TITRE III.

Du capitaine.

ART. 341. Le capitaine est chargé de la conduite du navire, moyennant un gage convenu ou une portion dans le bénéfice ou le fret.

ART. 342. Si un ou plusieurs d'entre les copropriétaires dûment sommés, restent en défaut de contribuer aux frais nécessaires pour l'équipement du navire, le capitaine pourra, avec l'autorisation du tribunal de l'arrondissement, vingt-quatre heures après la sommation faite aux refusants de fournir leur contingent, emprunter pour leur compte sur leur part dans le navire, même par contrat à la grosse.

ART. 343. Il appartient au capitaine de former l'équipage du vaisseau, de choisir et de louer les officiers et matelots; ce qu'il fera néanmoins avec l'avis du propriétaire ou du directeur, lorsqu'il se trouve dans le lieu de leur demeure.

ART. 344. Il n'est pas permis au capitaine de congédier pendant le voyage, sans cause légitime, des officiers ou autres gens de son équipage.

Art. 345. Il est tenu de remplir avec soin les devoirs d'un bon marin, et d'indemniser le propriétaire ou l'association des dommages et frais causés par sa négligence ou son infidélité dans l'exercice de son emploi.

Il est responsable des dommages arrivés aux marchandises à transporter, excepté de ceux qui proviennent d'un vice de l'objet lui-même, d'une force majeure, ou de la faute ou de la négligence de l'expéditeur.

Art. 346. Il est responsable des dommages causés par l'arimage ou le placement des marchandises fait contre les règles.

Art. 347. Avant de prendre charge pour un voyage à l'extérieur, le capitaine est tenu, à la réquisition et aux frais de toutes les personnes y ayant intérêt, de faire examiner par des experts jurés, établis à cet effet ou nommés par le tribunal d'arrondissement, et, à défaut de celui-ci, par le juge de canton. si son navire est pourvu de tout ce qui est nécessaire, et se trouve en état de faire le voyage.

Art. 348. Le capitaine répond de tout le dommage qui peut arriver aux marchandises qu'il aurait chargées sur le tillac sans le consentement par écrit du chargeur.

Art. 349. Indépendamment de la responsabilité personnelle du capitaine envers les chargeurs, le navire et le fret sont affectés envers les chargeurs pour les dommages causés à la cargaison par l'infidélité ou la faute du capitaine; dans ce cas, le proprietaire ou les copropriétaires ont leur recours contre celui-ci.

Art. 350. Le capitaine est tenu de donner ou de faire donner par le second des reçus pour toutes les marchandises chargées dans le navire, avec désignation de leur nombre, leurs marques et numéro, afin d'être échangés contre les connaissements.

Art. 351. Il ne doit pas charger dans son navire des marchandises dont l'endommagement, le vide ou le mauvais état d'emballage sont visibles, sans en faire mention dans les reçus ou dans les connaissements; à défaut de cette mention, les marchandises sont censées avoir été chargées bien conditionnées, en tant qu'on pouvait en juger par leur extérieur.

Art. 352. Le capitaine ne pourra charger des marchandises pour son compte sans en payer le fret et sans le consentement du propriétaire ou du directeur du navire, ou si le navire est affrété en entier, sans le consentement des affréteurs, à moins que dans le premier cas il n'y soit autorisé par son engagement, et dans le second par la charte-partie.

Art. 353. Le capitaine qui navigue à profit commun sur le chargement, ne pourra charger dans le navire des marchandises pour son compte particulier, s'il n'y a convention contraire.

En cas de contravention à cette prohibition, les marchandises embarquées par le capitaine pour son compte particulier seront confisquées au profit des autres intéressés au chargement, indépendamment des dommages et intérêts qui en résultent.

Art. 354. Le capitaine est tenu d'entreprendre et d'achever le voyage pour lequel il s'est engagé, aussitôt qu'il est pourvu de ce qui est nécessaire et à la première occasion favorable.

Art. 355. Il lui est défendu de différer son voyage pour cause de maladie de quelques-uns des officiers ou gens de l'équipage; il est tenu, dans ce cas, de les faire remplacer immédiatement.

Art. 356. Si, au moment du départ, il survenait au capitaine une maladie qui le rendit incapable de gouverner le navire, il doit se substituer un autre capitaine, à moins que le second ne soit capable de le remplacer sans danger pour le navire et son chargement. Si le propriétaire ou le directeur se trouve dans le lieu du départ, la substitution ne pourra se faire qu'avec son consentement.

Art. 357. Le capitaine est tenu d'avoir à bord de son navire :

1° L'acte de propriété du navire, ou une copie authentique dûment légalisée,

2° La lettre de mer,

3° Le passeport turc, si le but du voyage l'exige,

4° Le rôle de l'équipage,

5° La liste du chargement,

6° Les connaissements et charte-parties,

7° Un exemplaire du code de commerce.

Art. 358. Le capitaine est obligé de tenir un registre ou journal, qui contienne :

1° L'état journalier du temps et des vents,

2° Le progrès ou retard journalier du navire,

3° Le degré de longitude et de latitude où le navire se trouve jour par jour,

4° Tous les dommages arrivés au navire et aux marchandises, et leurs causes,

5° L'état (autant que possible) de tout ce qui aura été perdu par accident, et de tout ce qui aura été coupé ou abandonné,

6° La route qu'il a tenue, avec les motifs des déviations, soit volontaires, soit forcées,

7° Toutes les résolutions prises par le conseil du navire,

8° Les congés donnés aux officiers et gens de l'équipage, ainsi que les motifs,

9° La recette et la dépense concernant le navire et les marchandises chargées, et généralement tout ce qui concerne le navire ou son chargement, et ce qui pourrait donner lieu à un compte à rendre ou à une demande à former ou à contester.

Art. 359. Ce registre ou journal sera continué, daté et signé jour par jour par le capitaine et son second, si le temps et les circonstances le permettent.

Art. 360. Le capitaine est tenu de profiter,

pendant le voyage, de toutes les occasions pour donner de ses nouvelles au propriétaire ou au directeur, et pour l'informer de l'état du navire.

ART. 361. Il est tenu d'être en personne à bord de son navire, depuis le moment où le voyage est commencé, jusqu'à son arrivée en rade sûre ou à bon port.

ART. 362. Le capitaine ne peut abandonner son navire pendant le voyage, pour quelque danger que ce soit, sans l'avis des principaux de l'équipage. En ce cas, il est tenu de sauver principalement avec lui son livre-journal et autres papiers du navire, l'argent et ce qu'il pourra des marchandises les plus précieuses de son chargement, sous peine d'en répondre en son propre nom.

Si les objets tirés du navire ou ceux restés à bord sont perdus par cas fortuit, ou pillés, sans la faute du capitaine, il n'en sera pas responsable.

ART. 363. Il est tenu de se servir des pilotes nécessaires partout où la loi, l'usage ou la prudence l'exigent.

ART. 364. Si le capitaine est informé que son

pavillon n'est plus libre, il sera tenu d'aborder le premier port neutre. et d'y demeurer jusqu'à ce que l'empêchement n'existe plus, ou jusqu'à ce qu'il puisse partir sous convoi, ou de tout autre manière sûre, ou jusqu'à ce qu'il ait reçu des ordres précis tant du propriétaire ou du directeur du navire, que de ceux qui ont intérêt à la cargaison.

Art. 365. En cas de prise, saisie ou détention, le capitaine est tenu de réclamer le navire et la cargaison. Il devra immédiatement, par tous les moyens possibles, prévenir de l'état de son navire et du chargement, tant le directeur ou les propriétaires du navire, que les chargeurs ou ceux à qui l'expédition est faite.

En attendant, il fera les dispositions provisoires qui seront absolument urgentes pour la conservation du navire et du chargement.

Art. 366. Dans le cas de l'article précédent, la majorité des copropriétaires décide, et la résolution est obligatoire pour la minorité. Si la majorité décide de ne pas réclamer, il est loisible à la minorité de poursuivre ses droits à ses frais, sauf à y faire contribuer la majorité, en tant qu'elle sera avantagée par le succès de la poursuite.

Art. 367. Le capitaine est tenu de demander l'avis des propriétaires du navire, des chargeurs ou de leurs fondés de pouvoirs, s'ils sont présents, et, en tout cas, de consulter les officiers et les principaux de l'équipage dans tout événement important, tel que mettre à la voile, abandonner les ancres, couper les cables ou les mâts, jeter des marchandises, prendre des aides ou alléges, entrer dans un port par nécessité ou s'échouer.

S'il y a diversité d'opinion, celle du capitaine prévaudra.

Art. 368. En cas de jet, le capitaine sera tenu de jeter par préférence, lorsqu'il pourra les atteindre, les choses les moins nécessaires, les plus pesantes et de moindre prix; ensuite les marchandises du premier pont, à son choix, et après avoir pris l'avis des principaux de l'équipage.

Le capitaine est tenu de rédiger par écrit, et aussitôt qu'il le pourra, les délibérations prises à ce sujet.

Le procès-verbal contiendra :

Les motifs qui ont déterminé le jet,

L'énonciation des objets jetés ou endommagés,

La signature de ceux qui ont été consultés, ou les motifs de leur refus de signer.

La délibération sera insérée au journal du navire.

Art. 369. Le capitaine est tenu, le plus tôt possible après son arrivée dans le premier port où le navire abordera, d'affirmer sous serment la vérité des faits énoncés dans la délibération transcrite dans le journal, devant les fonctionnaires désignés dans l'art. 380.

Art. 370. Si le port de la destination est bloqué, le capitaine est tenu, à moins d'ordres contraires, d'aborder dans un port voisin de la même puissance, dont l'entrée lui serait permise.

Dans ce cas, la disposition de l'art. 365 est applicable, excepté l'obligation de réclamer.

Art. 371. Le capitaine, dans le lieu de la demeure du propriétaire ou des copropriétaires du navire, ou de leurs fondés de pouvoirs ou correspondants, ne peut, sans leur autorisation spéciale, faire travailler au radoub du bâtiment, acheter des voiles, cordages ou autres objets pour le navire, ni emprunter à cet effet de l'argent sur le corps du navire, ni le fréter ni le louer.

Art. 372. Si, pendant le voyage, il y a nécessité de radoub ou d'achat de voiles, cordages ou autres apparaux ou de victuailles, ou de se munir d'autres choses impérieusement nécessaires, et que les circonstances ou l'éloignement de la demeure des propriétaires du navire ou du chargement ne permettent pas de demander leurs ordres, le capitaine, après avoir constaté cette nécessité par un procès-verbal signé par les principaux de l'équipage, pourra faire le radoub, l'achat ou les dépenses nécessaires, en se faisant autoriser par le consul des Pays-Bas, ou, à défaut, par le magistrat du lieu.

Si les fonds nécessaires lui manquent, et s'il est impossible de les recevoir en donnant des lettres de change sur le directeur ou les propriétaires du navire, il pourra, avec la même autorisation, emprunter par contrat à la grosse sur le navire et ce qui en dépend, et, s'il y a nécessité, sur la cargaison; ou, si cet emprunt ne peut être fait en tout ou en partie, vendre des marchandises jusqu'à concurrence de la somme nécessaire.

Art. 373. Lors de l'arrivée du navire au port de sa destination, il sera tenu compte des marchandises ainsi vendues, d'après le cours des marchandises de même nature et qualité, dans le port de la destination, à l'époque de cette arrivée.

Si ce cours était inférieur au prix de la vente, le bénéfice appartiendra au propriétaire des marchandises.

Si le navire ne pouvait arriver au port de sa destination, il sera tenu compte du prix pour lequel les marchandises auront été vendues.

Art. 374. Si les victuailles du bâtiment manquent pendant le voyage, le capitaine, en prenant l'avis des principaux de l'équipage, pourra contraindre ceux qui auront des vivres en particulier, de les mettre en commun, à la charge de leur en payer la valeur.

Art. 375. Le capitaine qui aura sans nécessité emprunté de l'argent sur le corps, l'avitaillement ou l'équipement du navire, qui aura engagé ou vendu des marchandises ou des victuailles, ou qui aura porté dans ses comptes des avaries et des dépenses supposées, sera responsable envers les intéressés.

Il est personnellement tenu du remboursement de l'argent ou de la valeur des marchandises, sans préjudice de l'action publique, s'il y a lieu.

Art. 376. Hors le cas d'innavigabilité légalement constatée, le capitaine ne peut vendre le navire sans être muni d'un poũvoir spécial du propriétaire ou des copropriétaires, à peine de nullité de la vente, et de répondre personnellement des dommages et intérêts, sans préjudice de l'action publique, s'il y a lieu.

Art. 377. Le capitaine, avant son départ d'un port de relâche forcée, ou avant d'entreprendre le voyage pour revenir dans ce royaume, est tenu d'envoyer au directeur de l'association ou aux propriétaires du navire ou à leurs fondés de pouvoirs, un compte signé de lui, contenant l'état de son chargement, le prix des marchandises chargées pour le compte du navire, les frais de radoub et autres, les sommes par lui empruntées, ainsi que les noms et demeures des prêteurs.

Art. 378. Il est permis au capitaine, avant d'entreprendre le voyage mentionné en l'article précédent. de faire assurer le montant des marchandises chargées pour le compte du navire, et les sommes qu'il a déboursées pour le compte du même navire; mais il est tenu d'en prévenir le directeur ou le propriétaire, en leur envoyant ses comptes.

Art. 379. Chaque capitaine est tenu, dans

les vingt-quatre heures au plus tard de son arrivée dans un port, de présenter son journal à l'examen, et de faire son rapport, énonçant :

1° Le lieu et le temps de son départ,

2° La route qu'il a tenue,

5° Les hasards qu'il a courus, les désordres arrivés dans le navire et les autres circonstances remarquables de son voyage.

Art. 380. Cette présentation et ce rapport se font :

Dans un port étranger, au consul des Pays-Bas, ou, à son défaut, à l'autorité compétente du lieu;

Dans un port du royaume ou des colonies de l'état; dans le premier cas, devant le juge du canton, et dans le second cas, devant l'autorité compétente.

Art. 381. Le capitaine, en faisant son rapport, dans quelque lieu que ce soit, est tenu de faire viser son journal par l'autorité qui reçoit ce rapport; il est obligé de représenter en tout temps ce journal aux parties intéressées, et de leur en laisser prendre copies ou extraits.

Art. 382. Le capitaine pourra exiger que, lors du déchargement, les marchandises soient comptées, mesurées ou pesées, dans tous les cas où il est responsable du nombre, de la mesure ou du poids, ou qu'il y a un intérêt quelconque.

Art. 383. Le capitaine est tenu, dans le cas de naufrage, de relâche forcée ou d'avarie, d'en faire son rapport conjointement avec tous les officiers et gens de l'équipage présents, dans les vingt-quatre heures, au premier lieu où l'on abordera, devant les autorités mentionnées dans l'art. 380.

Art. 384. Tous les rapports destinés à constater les pertes, désastres, avaries ou réclamations quelconques, devront être affirmés sous serment devant l'autorité compétente, laquelle pourra interroger le capitaine, les officiers, les gens de l'équipage et même les passagers, sur les circonstances des faits.

La preuve contraire est réservée aux parties intéressées.

Art. 385. Les dispositions de l'art. 411, du premier alinéa de l'art. 412, des art. 415 et 416, s'appliquent au capitaine, en tant que les accidents y mentionnés auront eu lieu sans son fait.

ART. 386. Les dispositions des art. 413, 414, 418, 419, 423, jusques et compris 435, s'appliquent également au capitaine.

ART. 387. Après chaque voyage, le capitaine est tenu de rendre compte de sa gestion, en ce qui concerne le navire et le chargement, au propriétaire ou au directeur de l'association du navire, et de lui remettre contre un reçu, tous les journaux, livres, papiers et deniers qui y sont relatifs d'une manière quelconque.

ART 388. Le propriétaire ou le directeur de l'association est tenu d'ouïr le compte immédiatement, de le clore, s'il est en règle, et de payer sans délai au capitaine la somme qui lui est due.

ART. 389. En cas de contestation sur le compte, le propriétaire ou le directeur sera tenu de payer provisoirement au capitaine ses gages ou loyers convenus, moyennant caution pour la restitution, et il sera tenu de déposer le journal, les livres et documents, au greffe du tribunal de l'arrondissement, pour l'usage de toutes les parties.

ART. 390. Si, d'après le contrat, le capitaine

est intéressé dans les profits du navire, on suivra les règles prescrites en matière de société commerciale.

Art. 391. Le navire, ses agrès et apparaux et le fret dû, sont affectés par privilége envers le capitaine pour ses gages et loyers, ainsi que pour ses dommages et frais de route.

Art. 392. Si le capitaine est copropriétaire du navire, sa part et le profit qui en revient sont affectés par privilége, pour ce dont il est redevable à l'association.

Art. 393. Si le capitaine est seul propriétaire du navire, il est tenu, envers les chargeurs ou les affréteurs, de toutes les obligations imposées tant aux capitaines qu'aux propriétaires de navires.

TITRE IV.

De l'engagement et des loyers des officiers et gens de l'équipage, de leurs droits et obligations.

Art. 394. Le contrat entre le capitaine et les officiers et gens de l'équipage consiste, de la part de ceux-ci, dans le louage de leur service pour faire un ou plusieurs voyages de mer, chacun en sa qualité, moyennant un salaire convenu, et de la part du capitaine, dans l'obligation de les faire jouir de ce qui leur est dû, en vertu de la stipulation ou de la loi.

Art. 395. Les conditions de l'engagement entre le capitaine, les officiers et gens de l'équipage d'un navire, sont constatées par le rôle de l'équipage.

A défaut du rôle de l'équipage, on admettra tous les autres moyens de preuve.

Art. 396. L'inscription du rôle d'équipage se fait devant le fonctionnaire désigné par l'autorité compétente.

Il observera, dans la rédaction du rôle d'équipage, ce qui est prescrit par l'article suivant.

Il recevra le salaire qui lui est attribué par les règlements.

Art. 397. Le rôle d'équipage doit contenir :

1° Les noms du navire, du capitaine, des officiers et gens de l'équipage,

2° Le lieu du départ, le lieu de la destination du navire et du retour,

3° Les gages ou loyers convenus, avec mention s'ils sont stipulés pour le voyage ou par mois,

4° Les deniers promis ou reçus d'avance,

5° L'obligation de chaque homme de l'équipage de venir à bord avec ses effets à l'époque fixée par le capitaine, de ne point passer la nuit hors du navire, soit dans le royaume, soit à l'étranger, sans la permission du capitaine, et de ne pas retirer ses effets du navire sans avoir été visités par le capitaine ou son second,

6° La déclaration du second, s'il a navigué antérieurement comme officier vers le lieu de la destination,

7° Le pouvoir du capitaine de congédier et de mettre à terre, avant le départ, tout individu de l'équipage, sans être tenu de lui payer ses gages, s'il s'est enrôlé en une qualité dont il est incapable de remplir les fonctions, comme aussi dans le cas où l'incapacité ne serait reconnue qu'après le départ du navire, de donner à cet individu la qualité et les gages qu'il jugera à propos,

8° La désignation de la nourriture ou de la ration que chaque homme recevra par semaine dans les temps ordinaires;

9° L'obligation d'obéir sans contradiction au capitaine et aux autres officiers, en leurs qualités respectives, et de s'abstenir de l'ivrognerie et de voies de fait,

10° La teneur littérale des art. 404, 423, 442, 443, 444 et 446 du présent code,

11° La clause que celui qui désertera ou quittera le navire avant d'être congédié, perdra les loyers échus,

12° L'obligation du second de veiller à ce que les marchandises soient convenablement arrimées et placées, sous peine de dommages et intérêts,

13° L'obligation du second de demeurer à bord jour et nuit, lorsque le navire est chargé de marchandises, et de prendre soin de fermer les écoutilles, principalement la nuit,

14° L'obligation des officiers et gens de l'équipage de se comporter d'une manière convenable et selon les règles du bon ordre, tant en ce qui touche le culte religieux, que dans toutes les autres occasions,

15° L'obligation générale de se soumettre, en outre, à ce qui est prévu par le code de commerce,

16° Enfin tout ce qui a été convenu en outre entre les parties.

Art. 398. Le capitaine qui part avec son navire sans avoir fait préalablement rédiger et signer le rôle d'équipage dans les cas où il doit l'être, encourra, au profit du propriétaire ou de l'association, une amende de 100 florins ; le second, une amende de 50 florins, et les autres individus de l'équipage encourront chacun une amende égale à un mois de gages.

Art. 399. Les obligations réciproques du capitaine, des officiers et des gens de l'équipage, commencent dès le moment qu'ils se trouvent inscrits sur le rôle de l'équipage.

Art. 400. Après cette inscription, les officiers et gens de l'équipage sont tenus, à la réquisition du capitaine, de venir à bord, d'équiper le navire et de le charger.

Art. 401. Il n'est permis à personne de l'équipage de quitter le navire sans le consentement du capitaine ou de celui qui le remplace.

Art. 402. Le capitaine ou celui qui le remplace peut demander main-forte contre ceux de l'équipage qui refusent de se rendre à bord, quittent le navire sans permission ou refusent de faire le service jusqu'à la fin du voyage.

Les frais qui en pourraient résulter seront

déduits des loyers des contrevenants, sans préjudice des dommages et intérêts, s'il y a lieu.

Art. 403. Une nourriture convenable est due aux gens de mer pendant le temps qu'ils sont en service, en sus de leurs loyers ou salaires.

Art. 404. Tous les officiers et gens de l'équipage sont tenus d'assister le capitaine dans le cas d'attaque du navire ou de désastre survenu au bâtiment et à la cargaison, quelle qu'en soit la nature.

Art. 405. Les officiers ou gens de l'équipage qui, en s'engageant, ont déclaré avoir déjà navigué, sont, pour ce seul fait, passibles des dommages et intérêts causés même par leur impéritie dans l'exercice de leurs fonctions.

Art. 406. Le second qui s'engage pour faire le voyage vers un port où il n'a jamais été comme officier, sans en avoir fait la déclaration lors de son inscription sur le rôle, ou qui a déclaré faussement y avoir été en cette qualité, perd ses loyers en entier et demeure responsable des dommages causés au navire ou à la cargaison par son impéritie, sans préjudice de l'action publique, s'il y a lieu.

ART. 407. Si le capitaine, se trouvant à l'étranger, voulait faire voile vers un autre port, le second sera tenu de faire, dans ce cas, une nouvelle déclaration avant qu'il entreprenne ce voyage, et ce, sous les peines et dommages et intérêts indiqués en l'article précédent.

ART. 408. Si, dans le cas de l'article précédent, le second déclare qu'il n'a jamais fait le voyage en qualité d'officier vers le port de la nouvelle destination, il sera tenu de rester en service pour le loyer convenu; s'il s'est engagé au voyage. ses loyers seront augmentés en proportion de la prolongation et de la nature du voyage.

ART. 409. Il n'est pas permis, dans ce cas, au capitaine de congédier son second sans lui payer la totalité des loyers, et, s'il est engagé par mois, de les lui payer pour tout le temps qu'aurait duré le voyage, selon toute vraisemblance.

Il sera en outre tenu de l'indemniser pour les frais de voyage, jusqu'au lieu où il a été engagé.

Le capitaine n'est tenu ni du paiement du loyer, ni de l'indemnité, si son second, lors de l'engagement, avait faussement déclaré avoir fait, en qualité d'officier, le voyage qu'il s'agit d'entreprendre.

Art. 410. Les officiers ou gens de l'équipage ne peuvent charger des marchandises pour leur compte sans en payer le fret et sans le consentement des propriétaires, ou, si le navire est affrété en entier, sans le consentement des affréteurs, à moins qu'ils n'y soient autorisés par leur engagement ou la charte-partie.

Art. 411. Si le voyage est rompu avant le départ du navire par le fait du propriétaire, du capitaine ou de l'affréteur, les officiers et gens de l'équipage auront le choix ou de conserver à titre d'indemnité tout ce qui leur a été avancé sur leur gages, ou de demander, déduction faite de ces avances, un mois de leurs gages convenus, ou le quart des gages, s'ils sont loués au voyage.

De quelque manière qu'ils soient loués, ils conservent leurs droits pour le salaire des journées par eux employées dans le service après l'inscription au rôle, calculé en proportion des loyers convenus.

Art. 412. Si la rupture du voyage arrive après le départ du navire, ils reçoivent, en sus des loyers qui leur sont dus, et à titre d'indemnité, le double de ce qui est accordé par l'article précédent, et en outre, les frais de voyage pour leur conduite de retour jusqu'au lieu du départ du navire. Néanmoins les loyers et l'indemnité ne pourront, dans aucun cas, excéder le montant de ce qu'ils auraient perçu si le voyage avait été achevé.

L'indemnité pour la conduite de retour est calculée, tant par rapport aux officiers qu'aux gens de mer, en proportion des loyers convenus. En cas de contestation sur la quotité, elle sera fixée par le consul des Pays-Bas, et à son défaut par l'autorité compétente du lieu où le navire se trouve.

Art. 413. Il n'est dû aux officiers et gens de l'équipage que les journées employées au service du navire, les avances déduites, lorsqu'avant le voyage commencé il survient une interdiction de commerce avec le lieu de la destination du navire, ou si l'exportation des marchandises pour lesquelles le navire est généralement frété est interdite, ou encore si le navire est arrêté par ordre supérieur, toujours avant le commencement du voyage.

Art. 414. Si l'interdiction du commerce ou

l'arrêt du navire a lieu pendant le cours du voyage, ils reçoivent les gages convenus jusqu'au moment de leur congé, et ils sont indemnisés pour leur conduite de retour comme il est dit en l'art. 412.

ART. 415. Si le voyage est prolongé par le fait du capitaine ou des affréteurs, ou par le séjour dans un port de relâche forcée, comme aussi dans le cas où le navire aurait été pris ou arrêté illégitimement, ou si la prolongation a eu lieu pour le salut du navire ou du chargement, les gages des officiers et gens de l'équipage qui auraient été loués au voyage sont augmentés en proportion du temps de la prolongation.

ART. 416. Si les officiers et gens de l'équipage sont engagés au profit ou au fret, il ne leur est dû aucune indemnité, ni journées pour la rupture, le retardement ou la prolongation du voyage causés par force majeure.

Ces indemnités sont partagées entre les propriétaires du navire et les gens de l'équipage, dans la même proportion que l'aurait été le fret.

Si l'interruption, le retardement ou la prolongation du voyage arrivent par le fait du capitaine ou du propriétaire du navire, ils sont tenus d'indemniser proportionnellement les gens de l'équipage.

Art. 417. Si les officiers et gens de l'équipage sont engagés pour plusieurs voyages, ils peuvent après chaque voyage terminé en exiger le salaire.

Art. 418. En cas de prise et confiscation, de bris et naufrage avec perte entière du navire et des marchandises, les officiers et gens de l'équipage ne peuvent prétendre à aucun loyer au sujet de ce voyage.

Ils ne sont pas tenus de restituer ce qui leur a été avancé sur leur loyer.

Art. 419. Les officiers et gens de l'équipage sont payés de leurs loyers échus sur les débris du navire, si quelque partie du navire est sauvée.

Si les débris ne suffisent pas, ou s'il n'y a que des marchandises sauvées, ils sont payés de leurs loyers subsidiairement sur le fret.

Art. 420. Les officiers et gens de l'équipage qui ne sont engagés qu'au fret, sont payés de leurs loyers seulement sur le fret, à proportion de celui que reçoit le capitaine ou l'affréteur.

ART. 421. De quelque manière que les officiers ou gens de l'équipage soient loués, ils sont payés des journées par eux employées à sauver les débris et les effets naufragés.

S'ils ont montré une activité particulière, suivie d'un heureux succès, ils reçoivent une récompense extraordinaire sur le pied du salaire pour le sauvetage.

ART. 422. Tout service extraordinaire sera mentionné au journal et pourra donner lieu à une récompense particulière.

ART. 423. Toute personne de l'équipage qui tombe malade pendant le voyage, ou qui, soit au service du navire, soit dans un combat contre l'ennemi ou des pirates, est blessée ou mutilée, doit être payée de ses loyers, traitée et pansée, et en cas de mutilation, indemnisée à l'arbitrage du juge, s'il y a contestation.

ART. 424. Les frais du traitement et du pansement, et les indemnités sont à la charge du navire et du fret, si la maladie, les blessures ou la mutilation ont été occasionnées par le service du navire.

Si elles ont eu lieu dans un combat pour la défense du navire, les frais et l'indemnité seront repartis sur le navire, le fret et sur le chargement, par forme d'avarie grosse.

Art. 425. Si lors du départ du navire, le malade blessé ou mutilé n'avait pu continuer le voyage sans danger, le traitement et le pansement seront continués jusqu'à guérison.

Le capitaine, avant son départ, est tenu de faire face à ces frais, et de pourvoir à l'entretien du malade ou blessé.

Art. 426. Le malade, blessé ou mutilé a non-seulement droit à ses loyers jusqu'à sa guérison, mais ils lui seront payés jusqu'au jour où il pourra être de retour au lieu d'où le navire est parti, et il recevra en outre un dédommagement pour les frais du voyage de retour.

Art. 427. Dans les cas prévus par les art. 424, 425 et 426, le marin blessé, malade ou mutilé n'a de recours que contre le navire et le fret, ou contre le navire, le fret et le chargement.

Art. 428. Si l'officier ou un autre homme de l'équipage, sorti du navire sans permission, devient malade, est blessé ou mutilé à terre, les frais du traitement et du pansement sont à sa charge.

Art. 429. Le cadavre d'un des gens de l'équipage décédé pendant le voyage, sera inhumé ou mis hors de bord, selon la décision du capitaine, et aux frais du navire.

Art. 430. Le capitaine est tenu d'avoir soin des effets laissés par le défunt, et d'en faire, en présence de deux hommes de l'équipage, un inventaire qu'il signera avec eux.

Art. 431. Les gages seront dus à la succession du décédé, d'après les distinctions suivantes :

S'il a été engagé au mois, les gages sont dus jusqu'à la fin du mois courant ;

S'il a été engagé pour l'aller et le retour, la moitié de ses loyers est due, s'il meurt en allant ; ils sont dus en entier, s'il meurt pendant le retour ;

S'il est engagé au profit ou au fret, sa part entière est due, s'il meurt après que le voyage est commencé.

Les loyers des gens de l'équipage tués en défendant le navire, sont dus en entier si le navire arrive à bon port.

Art. 432. L'officier ou le matelot pris sur le navire et fait esclave ne peut rien exiger du capitaine, du propriétaire, ni des affréteurs pour le paiement de son rachat.

Il est payé de ses loyers jusqu'au jour où il a été pris et fait esclave.

ART. 433. L'officier ou le matelot pris et fait esclave pendant qu'il a été envoyé en mer ou à terre pour le service du navire, a droit à l'entier paiement de ses loyers sur le navire et le fret, d'après les distinctions faites par les art. 418 et 419 ci-dessus.

Il a droit à une indemnité pour son rachat, si le navire arrive à bon port.

ART. 434. Cette indemnité est due par les propriétaires du navire, si l'officier ou matelot a été envoyé en mer ou à terre pour le service du navire.

Elle est due par les propriétaires du navire et du chargement, s'il a été envoyé en mer ou à terre pour le service du navire et du chargement.

ART. 435. Le montant, le recouvrement et l'emploi de cette indemnité, sont déterminées par un règlement arrêté par le Roi.

ART. 436. Lorsque le capitaine congédie des

officiers ou des gens de l'équipage pour des causes légitimes, il doit leur payer les loyers convenus jusqu'au jour du congé, calculés d'après la route déjà parcourue.

Si le congé a lieu avant le commencement du voyage, ils seront payés des jours qu'ils auront été en service.

Art. 437. Sont réputées causes légitimes :

1° L'insubordination ,

2° L'ivrognerie habituelle ,

3° Les rixes et voies de fait à bord du navire ,

4° La rupture du voyage, permise ou obligée, en observant ce qui est statué à cet égard par la loi ,

5° L'abandon du bord sans permission.

Art. 438. Tout officier ou matelot qui justifie qu'il est congédié sans causes légitimes après son inscription sur le rôle. a droit à une indemnité contre le capitaine.

Art. 439. Cette indemnité est fixée:

Au tiers des loyers que le congédié aurait vraisemblablement gagnés pendant le voyage, si le congé a lieu avant le voyage commencé:

Au montant du loyer qu'il aurait perçu depuis

le moment du congé jusqu'à la fin du voyage, et aux frais du retour si le congé a lieu pendant le cours du voyage.

Le capitaine ne peut, dans aucun des cas ci-dessus, répéter ce qu'il a payé à titre d'indemnité contre les propriétaires ou l'association du navire, à moins qu'il n'ait été autorisé par ces derniers à donner congé.

Art. 440. Les officiers et les gens de l'équipage peuvent se refuser au service dans les cas suivants :

1° Si le capitaine veut changer de destination avant le commencement du voyage pour lequel ils se sont engagés ;

2° Si, avant le voyage commencé, le royaume est engagé dans une guerre maritime, ou si, le navire se trouvant dans un port de relâche, il survient une guerre entre le royaume et une des puissances barbaresques qui mettrait le navire en danger réel ;

3° Si, avant le voyage commencé, ou si le navire se trouvant dans un port de relâche, l'on a des nouvelles certaines que la peste, la fièvre jaune ou une autre maladie épidémique semblable règne dans le lieu de la destination du navire ;

4° Si, avant le voyage commencé, le navire passe en entier à d'autres propriétaires ;

5° Si, avant le voyage commencé, le capitaine meurt ou est congédié par les propriétaires ou le directeur du navire ;

6° S'ils sont engagés pour voyager sous convoi, et que le convoi ne soit pas accordé.

ART. 441. Les gens de l'équipage sont tenus de continuer leur service, si le capitaine étant hors du royaume trouve bon de faire voile vers un autre port libre, et d'y décharger et recharger son navire, quand même le voyage en serait prolongé.

Dans ce cas, ceux qui sont engagés au voyage reçoivent une augmentation de gage à proportion de la prolongation.

ART. 442. Il est défendu au capitaine d'avancer aux gens de l'équipage, pendant le voyage, au-delà d'un tiers de leurs gages.

ART. 443. En cas de congé hors du royaume, il est tenu de payer à chacun d'eux ce qui lui est dû.

Il pourra le faire en donnant une traite sur le propriétaire ou le directeur du navire.

La disposition du second alinéa de l'art. 321 ne recevra pas son application dans ce cas.

ART. 444. Il est défendu aux officiers ou gens de l'équipage d'intenter un procès quelconque contre le capitaine ou le navire avant le voyage fini, sous peine de perdre leurs gages en entier.

Néanmoins, lorsque le navire se trouve dans un port, les officiers et gens de l'équipage qui ont été maltraités, ou auxquels le capitaine n'a pas fourni la nourriture ou la boisson convenable, pourront demander la résolution de leur engagement au consul des Pays-Bas, et à son défaut, au magistrat du lieu.

ART. 445. A la fin du voyage, le capitaine, le propriétaire ou le directeur du navire sont tenus de délivrer les effets et deniers, et de payer les gages des gens de l'équipage morts ou restés en arrière, à leurs héritiers ou ayants-cause, et, à défaut de ceux-ci, de se conformer aux règlements sur la matière.

ART. 446. Les gens de l'équipage, après avoir fini le voyage pour lequel ils sont engagés, seront obligés, à la réquisition du capitaine ou des propriétaires du navire, de décharger le bâtiment, de l'amarrer, de le dépareiller, de le conduire dans un lieu sûr, de l'y attacher, de faire leur rapport et de l'affirmer sous serment, soit séparément, soit conjointement avec le capitaine, dans les trois jours après la décharge du navire.

Art. 447. Les officiers et les gens de l'équipage, après avoir fait tout ce qui leur est prescrit par l'article précédent, seront congédiés et payés de leurs gages dans les vingt-quatre heures.

Art. 448. Lorsque le capitaine, le directeur ou les propriétaires du navire sont, sans cause valable, en retard de payer, ils seront tenus de donner à chacun des officiers trois florins, et à chacun des autres gens de l'équipage un florin cinquante cents pour chaque jour de retard.

Art. 449. Si le retard mentionné dans l'article précédent provenait de la faute du capitaine ou du directeur, l'augmentation du paiement qui en résulte ne sera pas portée en compte à la charge du navire ou de l'association.

Art. 450. Si le navire a péri, ou s'il est pris et déclaré de bonne prise, et si même le fret n'est pas dû, et que rien ne soit sauvé du navire, les gens de l'équipage qui retournent dans le royaume, seront néanmoins tenus de confirmer le rapport du capitaine, ou de faire séparément leur déclaration, et de l'affirmer sous serment, moyennant un salaire convenable pour les jours qu'ils auront été retenus.

Art. 451. Le navire et le fret sont spécialement affectés pour les loyers, indemnités et frais de route des gens de l'équipage.

Art. 452. Le navire et le fret sont affectés aux propriétaires du chargement, pour le dommage qu'ils souffrent par l'infidélité ou la faute des officiers et gens de l'équipage, sauf le recours des propriétaires du navire contre le capitaine, et le recours de celui-ci contre les gens de l'équipage, le tout en observant le dernier alinéa de l'art. 1403 du code civil (1).

(1) Art. 1403 du code civil. « On ne répond pas seulement du dommage que l'on cause par sa propre faute, mais aussi de celui qui est causé par le fait des personnes dont on est responsable, ou des choses dont on a la surveillance.

» Le père, et, à son défaut, la mère est responsable du dommage causé par leurs enfants mineurs qui demeurent près d'eux.

» Les maîtres et ceux qui préposent des tiers à la surveillance des choses à eux appartenant, sont responsables du dommage causé par la maladresse de leurs domestiques dans les ouvrages auxquels ils sont employés

Le salaire du capitaine et les loyers des officiers et gens de l'équipage sont spécialement affectés pour ces recours.

TITRE V.

Des affrétements et louages de navires, des chartes-parties et connaissements, et des passagers.

SECTION I.

De la forme et de l'objet des contrats d'affrétement et de louage de navires.

ART. 453. Les affrétements ont lieu :

1° Pour tout ou partie d'un navire ; pour faire un ou plusieurs voyages :

2° A cueillette, lorsque le capitaine reçoit de tous ceux qui se présentent autant de marchandises qu'il trouve convenable, à l'effet d'être chargées et transportées.

» Les maîtres d'école et maîtres artisans sont responsables du dommage causé par leurs élèves et ouvriers, tant qu'ils sont sous leur surveillance.

» La responsabilité ci-dessus cesse quand les père, mère, maîtres d'école et maîtres artisans prouvent qu'ils n'ont pu empêcher l'acte pour lequel ils sont appelés en garantie.

Art. 454. Si un navire est affrété en totalité ou en partie pour un voyage de mer, l'affrétement doit être fait par écrit ; ce contrat s'appelle *charte-partie*.

Art. 455. Il énonce :

1° Le nom et le tonnage du navire,

2° Le nom du capitaine,

3° Le nom du fréteur et celui de l'affréteur ou du chargeur,

4° Le lieu et le temps convenus pour la charge et la décharge,

5° Le prix du fret ou nolis,

6° Si l'affrétement est total ou partiel,

7° L'indemnité convenue pour les cas de retard.

Art. 456. La cabine n'est jamais comprise dans l'affrétement du navire entier. Néanmoins, il est défendu au capitaine de charger dans la cabine des marchandises, ni pour son compte, ni pour celui d'un tiers, sans le consentement de l'affréteur, sous peine de dommages et intérêts.

Art. 457. Si le temps de la charge et de la décharge du navire n'est pas fixé par la charte-partie, elles doivent être faites, pour le royaume et les colonies de l'état, dans l'espace de quinze jours ouvrables consécutifs, après que le capitaine aura déclaré être prêt à effectuer la charge ou la décharge.

Ce délai est fixé, pour les alléges, à trois jours ouvrables après leur arrivée.

Après ce délai, le capitaine ou le maître des alléges aura droit à des jours de planche contre les rétardataires.

Lorsqu'une partie de la cargaison d'un navire doit être chargée ou déchargée dans un lieu, et l'autre partie dans un autre lieu, le temps de la charge ou de la décharge est suspendu pendant la traversée du navire d'un lieu à l'autre, sans que cet intervalle puisse être compté.

Art. 458. Si l'époque du chargement et du déchargement n'est pas fixée par la charte-partie, elle est réglée, à l'étranger, d'après les lois ou les usages des lieux.

Art. 459. Le fréteur ou le capitaine qui a déclaré le navire d'un plus grand port qu'il n'est, est tenu à une diminution proportionnelle sur le prix du fret, et à des dommages et intérêts envers l'affréteur.

Lorsque la déclaration ne diffère du véritable tonnage du navire que d'une quarantième partie, la différence ne sera pas prise en considération.

Art. 460. Si l'époque et le mode du paiement du fret n'ont pas été convenus par la charte-partie, le fret pourra être exigé lors de la délivrance des effets chargés.

Art. 461. Les navires peuvent être loués au voyage, au mois, ou de telle autre manière dont les parties conviendront.

Art. 462. Un voyage est réputé commencé, dès le départ du navire du lieu où le chargement a commencé, ou bien s'il est chargé de lest, du lieu où il l'a pris.

Art. 463. Si le navire est frété au mois, et s'il n'y a convention contraire, le fret court du jour où le navire est parti, selon l'article précédent.

SECTION II.

Des droits et obligations du fréteur et de l'affréteur.

Art. 464. Lorsque l'affréteur n'a rien chargé dans le délai fixé par la charte-partie ou par la loi, le fréteur a le choix :

Soit de demander l'indemnité fixée par la charte-partie pour le retard, ou une indemnité à régler par experts, à défaut de convention,

Soit de résilier le contrat d'affrétement et d'exiger de l'affréteur la moitié du fret ou nolis convenu, avec avarie et chapeau,

Soit d'entreprendre le voyage trois fois vingt-quatre heures après la sommation, sans chargement, et d'exiger de l'affréteur, après le voyage fini, le fret entier et les jours de planches supplémentaires, s'il y a lieu.

Art. 465. Lorsque l'affréteur n'a chargé qu'en partie dans le délai, le fréteur a le choix :

Soit de demander les indemnités mentionnées à l'article précédent,

Soit d'entreprendre le voyage avec la partie du chargement, sur le pied du dernier alinéa dudit article.

Art. 466. Si, le navire étant parti sans chargement ou avec une partie du chargement, il lui survient, pendant le voyage, quelque avarie qui serait répartie comme avarie grosse, dans le cas où le bâtiment aurait eu son chargement complet, le fréteur aura le droit d'exiger de l'affréteur la contribution des deux tiers pour ce qui n'est pas chargé.

Art. 467. Si l'affréteur, sans avoir rien chargé, renonce au contrat avant le commencement des jours de planches supplémentaires, il sera tenu de payer au fréteur ou au capitaine la moitié du fret convenu par la charte-partie.

Art. 468. Lorsque le fréteur a le droit de partir sans chargement ou avec partie du chargement, il peut, pour la sûreté du fret et de la contribution dans l'avarie grosse, faire charger par le capitaine d'autres marchandises sans le consentement de l'affréteur.

Dans ce cas, l'affréteur a droit au bénéfice de ce fret, et à être déchargé de la contribution dans l'avarie payée par ces autres marchandises.

Art. 469. Si l'affréteur charge plus qu'il n'a été convenu par la charte-partie, il paie le fret de l'excédant sur le prix réglé par la charte-partie.

Art. 470. Le fréteur est passible de dommages et intérêts envers l'affréteur, si, à l'époque fixée par le contrat, le navire n'est pas prêt et en état de recevoir les marchandises.

Art. 471. L'affréteur est tenu de délivrer au fréteur ou au capitaine, dans le délai de deux fois vingt-quatre heures après le chargement, s'il n'y a convention contraire, les papiers et documens requis par la loi pour le transport des marchandises.

Si l'affréteur est en retard, il sera tenu des dommages et intérêts, et le fréteur et le capitaine pourront même, d'après les circonstances, être autorisés par le juge à décharger ses marchandises.

Art. 472. Lorsqu'un navire est frété à cueillette, il est permis au fréteur ou au capitaine de fixer le temps pendant lequel le vaisseau restera en charge.

Après ce délai, le capitaine est tenu de partir au premier vent, à la première marée ou occasion favorables, à moins qu'il ne convienne d'un autre délai avec les chargeurs.

Art. 473. Si un navire est frété à cueillette, et que le temps du départ n'ait pas été fixé, il est permis à chacun des chargeurs de retirer ses marchandises sans payer le fret, en restituant les connaissements signés par le capitaine, en donnant caution pour les connaissements déjà expédiés, et en payant les frais du chargement et du déchargement.

Néanmoins si le navire était déjà chargé au-delà de la moitié, le capitaine sera tenu de partir au premier vent, à la première marée ou occasion favorables, si la majorité des chargeurs l'exige, huit jours après la sommation, sans qu'aucun des chargeurs puisse retirer ses marchandises.

Art. 474. Si un navire est arrêté au départ, pendant le voyage ou au lieu de la décharge, par le fait ou la négligence de l'affréteur ou de l'un des chargeurs, l'affréteur ou le chargeur est tenu envers le fréteur, le capitaine et les autres chargeurs des dommages et intérêts, auxquels les marchandises chargées sont affectées.

Art. 475. Le fréteur ou le capitaine est tenu des dommages et intérêts, si, par sa faute ou négligence, le navire a été arrêté ou retardé au départ, pendant sa route, ou au lieu de sa décharge.

Art. 476. Si le fréteur du navire souffre quelque dommage à cet égard par la faute ou négligence du capitaine, il a son recoûrs contre celui-ci.

Art. 477. Si à l'insu et sans le consentement du capitaine, l'affréteur ou le chargeur charge des marchandises dont l'entrée ou la sortie est prohibée, ou causé par quelque autre fait illicite, lors de la charge ou de la décharge de la cargaison, des dommages au navire, au capitaine ou autres intéressés, il est tenu de les indemniser, et lors même que les marchandises seraient confisquées, il est obligé de payer le fret en entier et l'avarie grosse.

Art. 478. Si le capitaine est contraint de faire radouber le navire pendant le voyage, l'affréteur ou le chargeur est tenu d'attendre jusqu'à ce que le navire soit radoubé, ou peut retirer ses marchandises en payant le fret en entier et l'avarie grosse, et sauf les dispositions portées à l'art. 511.

Si le navire est frété au mois, il ne doit pas de fret pendant le temps du radoub, ni une augmentation de fret si le navire est frété pour le voyage.

Si le navire ne pouvait être radoubé, le capitaine est tenu d'en louer, pour son compte, et sans pouvoir exiger une augmentation de fret, un ou plusieurs autres, à l'effet de transporter les marchandises au lieu de leur destination.

Si le capitaine n'a pu louer un ou plusieurs autres navires, sur le lieu même ou dans un lieu voisin, le fret n'est dû qu'en proportion de la partie du voyage déjà effectuée.

Dans ce dernier cas, le transport des marchandises sera remis au soin de chaque chargeur, sauf l'obligation du capitaine de leur notifier non-seulement l'état des affaires, mais aussi de prendre toutes les mesures nécessaires dans cet intervalle pour la conservation de la charge.

Le tout, s'il n'y a convention contraire entre les parties.

ART. 479. Si les affréteurs prouvent que, lorsque le navire a fait voile, il était hors d'état de naviguer, ils ne sont tenus à aucun fret, et ont droit à des dommages et intérêts.

Cette preuve est admissible nonobstant les certificats de visite au départ.

ART. 480. Le fret est dû pour les marchandises que le capitaine a été contraint de vendre d'après les dispositions de l'art. 372, pour le tout, si le navire arrive à bon port, et en proportion de l'avancement du voyage, si le navire a fait naufrage.

ART. 481. Le fret des marchandises jetées pour le salut commun est dû à la charge de la contribution, dans le cas où elle a lieu suivant le présent Code.

Art. 482. Il n'est dû aucun fret pour les marchandises perdues par naufrage, échouement ou autre force majeure, pillées par des pirates ou prises par les ennemis.

L'affréteur a même droit d'exiger la restitution de ce qui est payé à compte, s'il n'y a convention contraire.

Art. 483. Si le navire ou les marchandises sont rachetés ou rançonnés, ou si les marchandises sont sauvées du naufrage, le fret est dû jusqu'au lieu de la prise ou du naufrage, à proportion du fret convenu, si le voyage ne peut être achevé.

Le fréteur ou le capitaine est payé du fret entier, si le capitaine conduit les marchandises rançonnées ou sauvées au lieu de leur destination.

Dans les cas du premier et du second alinéa de cet article, l'affréteur ou le capitaine contribue au rachat et aux frais de garde par avarie grosse.

Art. 484. Il n'est dû aucun fret pour les marchandises faisant partie du chargement qui ont été sauvées en mer ou sur le rivage sans aucune coopération du capitaine, et qui ont été par suite remises aux parties intéressées

Art. 485. Le temps de la décharge convenu par la charte-partie ou fixé par la loi étant expiré, le fréteur ou le capitaine a le droit d'exiger de l'affréteur ou de celui à qui la cargaison a été expédiée, le déchargement du navire et le paiement du fret et de l'avarie.

Art. 486. Si les jours de planches sont écoulés et s'il y a contestation sur le déchargement, le fréteur ou le capitaine pourront, avec l'autorisation du juge, décharger les marchandises et les mettre en dépôt entre les mains d'un tiers, sauf le droit du fréteur sur les mêmes marchandises.

Art. 487. Le fréteur ou le capitaine ne peut retenir les marchandises dans son navire faute de paiement du fret, de l'avarie grosse et des frais.

Il peut demander le dépôt des marchandises en mains tierces jusqu'au paiement de ce qui lui est dû, et si elles sont sujettes à dépérissement il peut en demander la vente.

Si l'avarie grosse ne peut être réglée de suite,

il pourra demander la consignation judiciaire d'une somme à fixer par le juge.

Art. 488. Le capitaine ayant déchargé les marchandises sans se faire payer le fret, les avaries et autres frais, ou sans faire usage des précautions que les lois en vigueur dans le lieu de la décharge lui accordent, perd son droit contre l'affréteur ou le chargeur si celui-ci prouve qu'il a tenu compte du montant à celui qui a reçu les marchandises, ou qu'il ne pourrait se le faire rembourser par suite de la faillite de ce dernier.

Art. 489. Si le consignataire refuse de recevoir les marchandises, le fréteur ou le capitaine peut, par autorité de justice, en faire vendre une partie, ou s'il en est besoin, la totalité, pour le paiement du fret, des avaries et frais, à charge de déposer judiciairement le surplus, et sauf son recours contre les affréteurs ou chargeurs en cas d'insuffisance.

Art. 490. Le fréteur ou le capitaine est préféré à tous les créanciers pour son fret, les avaries et frais, sur les marchandises de son chargement, pendant vingt jours après leur délivrance, si elles ne sont payées en mains tierces.

Art. 491. Dans tous les cas où le fret est convenu d'après le nombre, la mesure ou le poids, le fréteur a le droit d'exiger que les marchandises soient comptées, mesurées ou pesées au déchargement même.

Art. 492. Si dans le cas de l'article précédent, le fréteur décharge les marchandises sans les compter, mesurer ou peser, le consignataire a le droit d'en constater l'identité, le nombre, la mesure ou le poids, même par le témoignage de ceux qui ont été à son service pour effectuer le déchargement.

Art. 493. S'il y a présomption que les marchandises aient été endommagées, gâtées, volées ou diminuées, le capitaine et le consignataire, ou toutes personnes intéressées auront le droit d'exiger que les marchandises soient judiciairement visitées, examinées, et les dommages estimés à bord du navire avant le déchargement.

Cette demande formée par le capitaine ne porte aucun préjudice à ses moyens de défense.

Art. 494. Si les marchandises ont été délivrées moyennant un reçu, ou un connaissement quittancé portant qu'elles sont endommagées, gâtées, pillées ou diminuées, les consignataires conservent le droit de les faire examiner judiciairement, pourvu que la visite en soit requise dans les 48 heures après leur délivrance.

ART. 495. Si l'avarie ou la diminution n'est pas visible à l'extérieur, la visite judiciaire peut se faire valablement après que les marchandises sont passées aux mains des consignataires, pourvu qu'elle se fasse dans les 48 heures après le déchargement, et que l'identité des marchandises soit constatée d'après les dispositions de l'art. 492 ou d'une autre manière légale.

ART. 496. Le fréteur et le capitaine ayant satisfait de leur côté au contrat d'affrètement, l'affréteur ne peut en aucun cas demander diminution sur le fret convenu.

ART. 497. Le chargeur ne peut, en aucun cas, abandonner les marchandises pour le fret.

Néanmoins si des futailles contenant des liquides ont tellement coulé pendant le voyage qu'elles soient vides ou presque vides, ces futailles pourront être abandonnées pour les fret, avarie et frais.

ART. 498. Si des navires étrangers sont affrétés dans le royaume, les capitaines et les navires sont soumis aux dispositions du présent Code. Les mêmes dispositions sont applicables aux capitaines pour ce qui concerne le déchargement et toute autre acte qui doit être exécuté dans le royaume, si l'affrétement a eu lieu à l'étranger.

SECTION III.

De la résolution des contrats d'affrétement.

ART. 499. Le contrat d'affrétement est résolu de droit, sans que les parties puissent exiger ni fret ni indemnité, si une des circonstances suivantes se réalise avant le départ du navire :

1° Si la sortie du navire est empêchée par une force majeure, sans distinguer si le navire est affrété pour le transport du chargement hors du royaume, ou si, se trouvant à l'étranger, il est frété et affrété par des habitants du royaume des Pays-Bas ;

2° S'il y a prohibition d'exportation de tout ou partie des marchandises comprises dans une seule et même charte-partie, du lieu d'où le navire doit partir, ou du lieu d'importation dans celui de sa destination ;

3° S'il y a interdiction de commerce avec le pays pour lequel il est destiné.

Dans tous ces cas, les frais de la charge et de la décharge sont pour le compte de l'affréteur.

Art. 500. Le contrat d'affrétement peut être résilié à la réquisition d'une des parties, si, avant le voyage commencé, il survient une guerre, par l'effet de laquelle le navire et le chargement, ou l'un des deux cesse d'être considéré comme propriété neutre.

Si le navire et le chargement ne sont pas libres, le fréteur ni l'affréteur ne peuvent exiger l'un de l'autre aucun dédommagement, et les frais de la charge et de la décharge sont supportés par l'affréteur.

Si le chargement seul n'est pas libre, l'affréteur paie au fréteur tous les frais nécessaires pour équiper le bâtiment et pour gages et nourriture de l'équipage, jusqu'au jour de la demande en résiliation, ou, si les marchandises sont déjà à bord, jusqu'au jour de leur chargement.

Si le navire seul n'est pas libre, le fréteur ou le capitaine paie tous les frais de la charge ou de la décharge.

Art. 501. Dans les cas énoncés aux deux articles précédents, le fréteur ou le capitaine conserve ses droits pour les jours de planches supplémentaires, s'il y en a, et l'avarie grosse, pour dommage survenu avant la fin ou la résiliation du voyage.

ART. 502. Si un navire est frété pour plusieurs destinations, et qu'après avoir fini un voyage il se trouve dans le port où l'autre devrait commencer, les dispositions suivantes seront observées, s'il survient une guerre avant le commencement du nouveau voyage à faire :

1° Si le navire et le chargement ne sont libres ni l'un ni l'autre, le navire doit séjourner dans le port jusqu'à la paix, ou jusqu'à ce qu'il puisse partir sous convoi ou d'une autre manière sûre, ou jusqu'aux nouveaux ordres des propriétaires du navire et du chargement, transmis au capitaine.

Si le navire est chargé, le capitaine pourra déposer les marchandises en magasin ou en autre lieu sûr, jusqu'à ce que le voyage puisse être continué, ou qu'il soit pris d'autres mesures.

Les gages et frais d'entretien pour les gens de l'équipage, les loyers de magasins et autres frais causés par le retard, sont supportés par le fréteur ou l'affréteur comme avarie grosse.

Si le navire n'est pas encore chargé, les deux

tiers des frais sont pour le compte de l'affréteur.

2° Si le navire seul n'est pas libre, le contrat est résilié sur la demande du fréteur pour le voyage à faire.

Si le navire est chargé, le fréteur ou le capitaine paie les frais de la charge ou de la décharge; il ne peut exiger, dans ce cas, que le fret à raison du voyage déjà fait, et les jours de planches supplémentaires, ainsi que l'avarie grosse;

3° Si, au contraire, le navire est libre, et que le chargement seul ne le soit pas, et si l'affréteur ne veut pas effectuer la charge, le capitaine peut partir sans charge et finir le voyage entrepris; dans ce cas, le capitaine ou le fréteur peut exiger la totalité du fret convenu après la fin du voyage.

A l'égard de l'avarie et des frais du chargement d'une nouvelle cargaison, et du fret qui en résulte, on observera les dispositions des art. 466 et 468.

Art. 503. Lorsqu'un navire se trouve dans le royaume ou à l'étranger, et qu'il est affrété en lest pour une autre place, afin d'y être chargé pour effectuer un voyage, le contrat est résolu, si, le navire étant arrivé au lieu de la charge, il survient une guerre qui l'empêche de poursuivre le voyage, sans qu'il y ait lieu à quelque dédommagement, soit pour l'une, soit pour l'autre des parties, si toutefois l'empêchement vient, soit du navire seul, soit du navire et du chargement.

Si, au contraire, le navire est libre et que le chargement ne le soit pas, l'affréteur doit payer la moitié du fret convenu.

Art. 504. S'il survient une interdiction de commerce avec le pays pour lequel le navire est en route, et qu'il soit obligé de revenir avec son chargement, il n'est dû que le fret de l'aller, bien que le navire ait été affrété pour l'aller et le retour.

Art. 505. Lorsqu'un embargo ou une autre force majeure empêche, pour un temps seulement, le voyage d'un navire, soit avant la sortie, soit pendant le voyage, sans la faute du capitaine, du propriétaire ou de l'affréteur, les conventions subsistent et il n'y a pas lieu de part ou d'autre à des dommages et intérêts à raison du retard.

L'affréteur ne doit aucun fret pour le temps que le navire est arrêté, s'il est affrété au mois, ni aucune augmentation de fret, s'il est affrété au voyage.

Le chargeur peut, durant l'empêchement, faire décharger ses marchandises à ses frais, à condition de les recharger ou d'en indemniser le fréteur ou le capitaine.

Art. 506. Toutes les dispositions contenues en cette section sont applicables aux affrétements à cueillette.

SECTION IV.

Du connaissement.

Art. 507. Le connaissement contient :

1° Le nom de l'affréteur ou du chargeur,

2° La désignation de celui à qui l'expédition est faite,

3° Le nom et le domicile du capitaine,

4° Le nom et le tonnage du navire, ainsi que le lieu d'où est le navire,

5° La nature, la quantité, les marques et numéros des objets à transporter,

6° Le lieu du départ et celui de la destination,

7° Le fret convenu,

8° La signature du capitaine et celle du chargeur, ou de celui qui fait l'expédition pour lui.

Art. 508. Le connaissement peut être à ordre, au porteur ou à une personne dénommée.

Le connaissement à ordre pourra être transmis par endossement.

Art. 509. Chaque connaissement est fait en quatre originaux au moins :

Un pour l'affréteur ou le chargeur,

Un pour celui à qui les marchandises sont adressées,

Un pour le capitaine,

Un pour les propriétaires du navire.

Les quatre originaux sont signés et délivrés dans les 24 heures après le chargement contre la restitution des reçus provisoires.

Art. 510. Il sera néanmoins délivré par le capitaine autant de connaissements de la même teneur que l'affréteur ou le chargeur en exigera.

Art. 511. Les affréteurs ou chargeurs ne peuvent retirer les marchandises déjà chargées sans restituer au capitaine les connaissements qu'il leur a délivré.

Si un ou plusieurs des connaissements sont expédiés, la décharge ne pourra être faite que par une autorisation en justice, rendue en connaissance de cause, moyennant une caution suffisante du chargeur pour les suites que pourraient avoir les connaissements expédiés : et, dans ce cas, à charge de payer le fret en entier, les frais du déchargement et ceux causés par le déplacement du surplus de la cargaison; le tout, sauf ce qui est statué par l'art. 473.

ART. 512. Le connaissement, rédigé dans la forme prescrite ci-dessus, fait foi entre toutes les parties intéressées au chargement, et entre les assureurs et ceux qui ont une part dans le chargement, sauf aux assureurs la preuve contraire.

ART. 513. Si les marchandises chargées n'ont pas été livrées au capitaine par nombre, poids ou mesure, il peut indiquer sur le connaissement que leur espèce, nombre, poids ou mesure lui sont inconnus.

ART. 514. Si le capitaine prouve que son navire ne pouvait contenir la quantité de marchandises énoncées dans le connaissement, cela fera foi contre le chargeur; mais le capitaine est tenu néanmoins d'indemniser ceux à qui les marchandises ont été expédiées, si, sur la foi des connaissements, ils en ont payé au chargeur plus que le navire ne contenait, sauf le recours du capitaine contre le chargeur.

ART. 515. En cas de différence entre les connaissements d'un même chargement, celui des connaissements qui sera le plus régulier fera foi de préférence.

ART. 516. Si différents individus sont porteurs chacun d'un connaissement pour les mêmes marchandises, celui qui présente un connaissement en son nom est préféré, pour la délivrance provisoire, à celui qui n'a qu'un connaissement à ordre ou au porteur.

ART. 517. Si tous les connaissements de la même marchandise portent les noms des porteurs respectifs, ou s'ils sont tous à ordre ou au porteur, le juge décidera auquel d'entre eux la délivrance provisoire sera faite.

ART. 518. Il est défendu au capitaine de décharger les marchandises sans l'autorisation du tribunal de l'arrondissement, s'il sait ou apprend que plusieurs individus sont porteurs d'un connaissement pour les mêmes effets, ou qu'il a été fait saisie-arrêt sur les marchandises.

Dans ces cas, il peut demander une ordonnance, à l'effet d'être autorisé à déposer les marchandises dans tel lieu ou entre les mains de tel individu que le juge désignera, sauf le droit de tous les intéressés.

ART. 519. Les intéressés et la personne chargée du dépôt peuvent demander au juge la permission de vendre les marchandises, si elles sont sujettes à dépérissement, soit par leur nature, soit par l'état où elles se trouvent. Le produit de la vente, déduction faite des frais, remplacera les marchandises et sera consigné judiciairement.

ART. 520. Aucune saisie ou opposition de la part d'un tiers, non porteur de connaissement, ne pourra priver le porteur de la faculté de requérir le dépôt ou la vente judiciaire des marchandises, sauf le droit du saisissant ou de l'opposant sur le produit de la vente.

SECTION V.

Des passagers pour les voyages par mer à l'étranger.

ART. 521. S'il n'a été fait aucune convention à l'égard du prix de transport d'un passager, le juge pourra le fixer, au besoin, sur un rapport d'experts.

Art. 522. Si le passager n'arrive pas à bord ou quitte le navire sans la permission du capitaine, quand celui-ci est prêt à mettre à la voile, le capitaine pourra partir et exiger néanmoins le prix entier du passage.

Art. 523. Le passager ne pourra transmettre son droit résultant de la convention à un tiers, sans l'acquiescement du capitaine.

Art. 524. Il ne sera dû que la moitié du passage, si le passager est décédé avant le commencement du voyage.

Si les frais d'entretien sont compris dans le prix convenu du transport, le juge fixera le montant du passage, après avoir entendu des experts, s'il y a lieu.

Art. 525. Si le voyage du navire est interrompu ou suspendu, soit avant le départ, soit pendant le voyage, par force ou par une autre cause indépendante du capitaine ou de l'association, le passager et le capitaine sont déchargés de leurs obligations respectives, sans pouvoir prétendre à une indemnité.

En cas d'interruption d'un voyage commencé, les passagers seront tenus de payer le prix du passage jusqu'à concurrence du chemin qu'ils ont fait.

Art. 526. Si, dans le cas de l'art. 478, le passager veut attendre le radoub, il ne doit aucune augmentation du passage, mais il doit prendre soin, en attendant, de son propre entretien, ou s'entendre à cet égard avec le capitaine.

Art. 527. Dans les cas de résiliation du contrat, soit avant, soit pendant le voyage, le capitaine a le droit de demander ce qu'il a déjà fourni aux passagers, et ce qu'il a déboursé pour eux.

Art. 528. Les passagers sont tenus de se conformer aux ordres du capitaine, en tant qu'ils se rapportent au maintien de l'ordre à bord.

Art. 529. Le capitaine n'est pas tenu, ni même autorisé, soit à entrer dans un port, soit à s'arrêter pendant le voyage, sur la demande ou dans l'intérêt d'un passager.

Art. 530. Le passager est tenu de pourvoir à son propre entretien, s'il n'y a convention contraire. Néanmoins, le capitaine est tenu, en cas de besoin, de lui fournir les vivres nécessaires à un prix raisonnable.

La disposition de l'art. 374 est applicable aux passagers.

Art. 531. En cas de décès d'un passager pendant le voyage, le capitaine pourra faire inhumer le cadavre ou le mettre hors de bord.

Le capitaine aura soin de la garde des effets du passager décédé qui se trouvait à bord.

Art. 532. Le passager est censé chargeur à l'égard des effets qu'il a sur le navire; le capitaine n'est tenu du dommage survenu aux effets du passager, que celui-ci a tenu sous sa propre garde, qu'autant que le dommage est causé par son propre fait ou par celui de l'équipage.

Art. 533. Le capitaine aura un droit de rétention et sera privilégié sur les biens apportés à bord par le passager, pour ce qui lui est dû de frais de transport et d'entretien.

TITRE VI.

Du dommage causé par abordage.

Art. 534. Si un navire en aborde un autre par la faute du capitaine ou des gens de l'équipage, le dommage entier causé au navire abordé et à son chargement doit être supporté par le capitaine du navire qui l'aura causé.

Art. 535. Si l'abordage a eu lieu par la faute des deux capitaines, ou des gens des deux équipages, chacun supportera ses dommages.

Les capitaines sont responsables envers les propriétaires des navires et des marchandises, dans les cas prévus par cet article et le précédent, sauf leur recours contre les officiers et les gens de l'équipage, s'il y a lieu.

Art. 536. En cas d'abordage d'un navire par un accident purement fortuit, le dommage est supporté par celui des navires qui l'a éprouvé, sauf les dispositions de l'art. 540.

Art. 537. La disposition du précédent article sera enfin applicable au cas où les deux navires n'ont pas de chargement.

Art. 538. Lorsque ni la faute, ni l'accident fortuit ne peuvent être prouvés, et qu'ainsi il y a doute sur les causes de l'abordage, le dommage arrivé aux navires et aux chargements sera réuni en une seule masse et supporté par chacun d'eux en proportion de la valeur respective des navires et de leurs chargements.

Le montant de ce que chaque navire et chaque chargement supportera dans le dommage commun, sera réparti en proportion de leur valeur sur chaque navire et sur chaque chargement.

Art. 539. Si après l'abordage un navire périt dans la route qu'il a dû prendre vers un port de relâche pour se faire radouber, la perte du vaisseau est présumée causée par l'abordage.

Art. 540. Si un navire sous voile ou flottant endommage par abordage un autre navire qui est à l'ancre ou amarré dans un lieu convenable, et que l'abordage ait été fait sans la faute du capitaine ou des gens de l'équipage du navire abordant, le navire qui était à la voile ou qui flottait supportera la moitié du dommage du navire qui était à l'ancre ou amarré et du chargement, sans que ce dernier navire soit tenu des dommages arrivés à l'autre ou à son chargement.

Ces dommages sont répartis par forme d'avarie grosse sur le navire et le chargement.

Il n'y a pas lieu à dommages et intérêts, si le capitaine du navire amarré avait pu prévenir l'abordage ou en diminuer le dommage en relâchant les cables ou coupant ses amarres, s'il a pu le faire sans danger, et s'il ne l'a pas fait après en avoir été requis à temps par le capitaine du navire abordant.

Art. 541. Si un navire chassant sur ses ancres est jeté sur les cables d'un navire qui se trouve à l'ancre près de lui, et que le capitaine du premier navire coupe les cables de l'autre et le détache ainsi de ses ancres, de sorte que par cet événement il en soit endommagé ou fasse immédiatement naufrage, le navire chassant sur ses ancres est tenu de tout le dommage arrivé à l'autre navire et à son chargement.

Art. 542. Si un navire à l'ancre ou amarré dans le port, sans se détacher et par l'impétuosité des eaux, d'une tempête ou par autre force majeure, endommage d'autres navires qui se trouvent près de lui, les dommages qui en résultent sont supportés par le navire endommagé comme avarie particulière.

Art. 543. Lorsqu'un navire se trouve sur des

bas-fonds et ne peut s'en retirer, son capitaine a le droit, en cas de danger, d'exiger que le navire qui en est proche lève ses ancres ou coupe ses cables pour lui faire passage, pourvu que ce navire soit en état de faire cette manœuvre sans risque, à charge par le navire en danger de dédommager l'autre de ses pertes.

Le capitaine du navire voisin qui, dans ce cas, aurait refusé ou négligé de satisfaire à la demande, doit supporter les dommages qui en résultent.

Art. 544. Tout capitaine dont le navire est à l'ancre, est responsable de tous les dommages causés par le manque de balises ou bouées à ses ancres, à moins qu'il ne soit prouvé qu'il les a perdues sans sa faute et n'a pu les remplacer.

TITRE IV.

Du naufrage, de l'échouement et des épaves.

Art. 545. Il n'est permis à personne, sans le consentement exprès du capitaine ou de l'officier qui le remplace, de venir à bord d'un navire pour le secourir, le sauver, ou sous quelque prétexte que ce soit.

Art. 546. Lorsque le capitaine ou l'officier qui le remplace est présent, personne ne pourra, sans son consentement, sauver le navire échoué ou brisé sur les bancs extérieurs, ni repêcher les marchandises naufragées en pleine mer ou sur des bancs extérieurs.

Art. 547. Lorsque le capitaine, l'officier, le propriétaire de la charge ou le consignataire sont présents, les navires et objets mentionnés ci-dessus seront remis à leur disposition, moyennant une caution suffisante pour le sauvetage.

Art. 548. Tous ceux qui retiennent des navires sauvés, ou qui refusent de remettre immédiatement les effets naufragés à la réquisition du capitaine, de l'officier de service, du consignataire ou du propriétaire de la cargaison, s'ils offrent une sûreté suffisante, perdent tout leur droit à demander un salaire pour assistance ou sauvetage, et sont passibles des dommages causés par leur détention.

Art. 549. Les frais et le fret pour le transport des marchandises du lieu où elles ont été sauvées jusqu'à celui de leur destination, sont payés par celui qui les reçoit, dans les cas prévus par les articles précédents, sauf son recours, s'il y a lieu.

Art. 550. Si un navire et des marchandises ont été sauvées et repêchées en mer ou sur les bancs extérieurs, en l'absence du capitaine, de l'officier de service, du propriétaire du chargement ou du consignataire, et si ces personnes sont inconnues, ces objets seront transportés immédiatement au lieu le plus proche de celui où ils ont été sauvés, et remis entre les mains du fonctionnaire chargé par l'autorité publique de l'administration des effets naufragés, et à son défaut, à la disposition de l'administration locale.

En cas de contravention, ceux qui ont concouru au sauvetage perdent le salaire qui pourrait leur être dû à cet égard, et ils sont tenus des dommages et intérêts, sauf l'action publique, s'il y a lieu.

Art. 551. Le sauvetage des navires échoués ou brisés, ou le repêchement des marchandises près du rivage ou sur le rivage même, en l'absence du capitaine, de l'officier, du propriétaire du chargement ou du consignataire, ou, si ceux-ci n'ont fait aucune autre disposition, aura lieu exclusivement sous la direction du fonctionnaire chargé de ce soin, ou, à son défaut, sous la direction de l'administration locale, dans le ressort de laquelle l'échouement ou le repêchement a eu lieu.

Cependant si, dans le cas de cet article, il n'est pas clairement constaté à qui appartiennent les effets sauvés ou repêchés, ou s'il y a contestation à cet égard, soit à cause de la confusion des effets, soit de quelqu'autre manière, le fonctionnaire ou l'administration locale ci-dessus indiqués seront exclusivement chargés de les garder.

Art. 552. Dans le cas où ce fonctionnaire, ou à son défaut, l'administration locale, sont autorisés à prendre soin des effets échoués, sauvés ou repêchés, ils sont tenus d'en faire inventaire, et ils auront les mêmes devoirs à remplir que ceux qui ont concouru au sauvetage des navires ou objets en pleine mer ou sur les bancs extérieurs, en ce qui regarde la délivrance des objets. Ils recevront pour leur gestion le salaire déterminé par les règlements.

Réciproquement, les capitaines ou propriétaires du navire ou des marchandises sont tenus, envers ces fonctionnaires ou envers l'administration locale, des mêmes obligations en ce qui touche le sauvetage, qu'envers les particuliers.

Art. 553. Ces fonctionnaires seront tenus

de faire rapport au gouverneur de la province, dans les quarante-huit heures au plus tard, des événements ci-dessus mentionnés et des mesures qu'ils auront prises.

Art. 554. A défaut de réclamations, ces fonctionnaires sont tenus de faire vendre sans délai, publiquement et d'après les usages des lieux, avec l'autorisation gratuite des députés des états de la province, toutes les marchandises qui, soit par leur mauvais état, soit par leur nature, sont sujettes à un prompt dépérissement, et dont le dépôt en nature serait évidemment contraire aux intérêts du propriétaire.

Art. 555. Ils seront tenus, dans la huitaine après le sauvetage, d'annoncer dans un des journaux de la province toutes les circonstances de l'événement, avec désignation exacte des marques et numéro des marchandises, et invitation à tous les intéressés d'en faire la réclamation.

Cette annonce sera répétée quatre fois de mois en mois.

Cependant, lorsque le peu de valeur des objets le permettra, les annonces pourront être différées, du consentement du gouverneur de la province, afin de les comprendre ensuite dans les annonces à faire pour d'autres objets semblables.

Art. 556. Si le droit à ces effets est constaté par des connaissements ou autres pièces, les fonctionnaires seront tenus, après y avoir été gratuitement autorisés par les députés des états, de les délivrer aux ayants-droit, moyennant le salaire dû pour le sauvetage et les frais.

En cas de doute sur le droit du réclamant, en cas d'opposition de la part des tiers ou de contestation sur le sauvetage et les frais, les parties seront renvoyées devant les juges ordinaires qui, dans ce cas, pourront ordonner la délivrance des objets moyennant caution suffisante.

Lorsque les objets ont été sauvés et remis à l'autorité locale, celle-ci sera tenue des obligations imposées par le présent article et les précédents, aux fonctionnaires y désignés.

Art. 557. Si après les quatre annonces personne ne réclame les objets sauvés ou repêchés, ils seront vendus publiquement avec l'autorisation des députés des états accordée sans frais, et il leur sera rendu compte du produit qui sera consigné provisoirement à la caisse d'amortissement, déduction faite du sauvetage et des frais.

L'approbation du compte, donnée par les états-députés, ne préjudicie pas aux droits des intéressés, que ceux-ci pourront faire valoir en justice.

ART. 558. Le propriétaire des objets sauvés aura le droit, pendant dix ans, de réclamer le montant du prix de la vente, s'il justifie de son droit.

Si personne ne réclame dans ce délai, le produit des effets naufragés sera considéré comme bien vacant.

Les objets confisqués sur l'ennemi ne pourront jamais être réclamés.

ART. 559. Il ne sera perçu aucun droit de bris, de naufrage, ni autres semblables sur les navires ou les marchandises naufragés appartenant soit à des habitants du pays, soit à des étrangers.

Cette disposition ne fait pas cesser le droit de confisquer les navires ou les marchandises naufragés appartenant à l'ennemi.

ART. 560. Le salaire dû à ceux qui portent secours à un navire ou à des marchandises, est de deux espèces; savoir : le salaire pour l'assistance, et le salaire pour le sauvetage.

Art. 561. Le salaire pour l'assistance est dû, si le navire et le chargement, ensemble ou séparément, sont remis en pleine mer ou conduits à bon port.

Il est réglé eu égard à la promptitude du service lors de la découverte du premier danger, au temps qui a été employé, au nombre des personnes qui y ont dû assister indispensablement, à la nature du service, et enfin au danger dont il était accompagné.

Art. 562. Les cas de sauvetage sont :

Si le navire ou les marchandises ont été trouvés sans direction en pleine mer ou sur le rivage, et sont sauvés ou repêchés;

Si des marchandises sont sauvées d'un navire jeté sur la côte ou contre les brisants, et qui se trouve dans un tel état de danger, qu'il ne puisse plus être considéré comme un lieu de sûreté pour les marchandises, ou comme un asile pour les gens de l'équipage;

Si des marchandises ont été tirées d'un navire effectivement brisé;

Enfin, si un navire se trouvant dans un danger éminent, ou ne présentant plus de sûreté, est abandonné par les gens de l'équipage, ou lorsque ceux-ci en ayant été retirés, le navire est occupé par ceux qui veulent le sauver et conduit au port avec la cargaison entière ou en partie.

Art. 563. Dans l'estimation du salaire pour sauvetage, on considère non seulement les circonstances indiquées au second alinéa de l'art. 561 ci-dessus, mais encore le péril dans lequel ont été les objets sauvés, et la valeur desdits objets. Cette valeur sera estimée par les experts.

Art. 564. En cas de contestation, l'évaluation des salaires pour l'assistance ou le sauvetage, ainsi que la nomination des experts, sont faites par le juge compétent.

Art. 565. Si le navire a été abandonné par le capitaine et les gens de l'équipage, et s'il a été occupé par ceux qui veulent le sauver, il sera permis au capitaine ou aux autres officiers de service de retourner vers le navire et d'en prendre la direction; dans ce cas, les personnes qui l'ont occupé seront tenues, sous peine de perdre leur salaire et des dommages et intérêts, de remettre au capitaine la direction du navire, sauf leur droit acquis antérieurement pour le sauvetage.

Art. 566. Si un navire ou des marchandises sauvés, et remis entre les mains de leur propriétaire moyennant caution, périssent entre le lieu du sauvetage et celui de la destination sans que la valeur en ait été estimée, l'estimation en sera faite par experts, d'après la valeur que le navire ou les marchandises sauvés auraient probablement eu au lieu de la remise du navire ou des marchandises.

Art. 567. Les contestations sur le salaire dû pour le sauvetage ou l'assistance seront portées devant les juridictions suivantes :

Si le navire est destiné pour le royaume, devant le juge du lieu de la destination ;

Si un navire est frété dans le royaume pour faire voyage à l'extérieur, devant le juge du lieu où le navire a pris les premières marchandises, où duquel il est parti en lest, ou bien devant le juge du domicile du débiteur, au choix de celui qui forme l'action ;

Si le navire vient en Hollande sans être destiné pour le royaume, devant le juge du lieu où le navire a échoué ou a été conduit, ou bien, si le navire est perdu, devant le juge du lieu où les marchandises ont été sauvées.

Si le capitaine a changé la destination du navire vers un port ou autre lieu du royaume.

Cette disposition s'applique également aux navires destinés pour le royaume.

Art. 568. Toute convention ou transaction à l'égard des salaires pour l'assistance ou le sauvetage pourra être modifiée ou annulée par le juge, si elle a été faite en pleine mer ou lors de l'échouement avec le capitaine ou officier, soit pour le navire, soit pour les marchandises qui se trouvent en danger.

Néanmoins, lorsque le danger est passé, il est permis à chacun de faire des transactions et arrangements à l'amiable; mais ils ne sont pas obligatoires à l'égard des propriétaires, consignataires ou assureurs qui n'y ont pas consenti.

TITRE VIII.

Des contrats à la grosse.

Art. 569. Le prêt à la grosse est un contrat par lequel on prête une somme d'argent avec convention de prime, et qui est affectée soit sur le navire, soit sur le chargement, ou sur tous les deux, à charge par le prêteur, en cas de perte ou de dépérissement partiel des objets affectés, par fortune de mer, de perdre son droit sur la somme prêtée et sur la prime, autant qu'il ne pourra l'exercer sur ce qui sera sauvé, comme aussi à charge par l'emprunteur, si les objets affectés arrivent à leur destination, de rembourser le principal et de payer le profit maritime convenu.

ART. 570. Le contrat à la grosse doit être rédigé par écrit. Il énonce :

Les noms du prêteur et de l'emprunteur,

Le capital prêté et la somme convenue pour le profit maritime,

Les objets sur lesquels le prêt est affecté,

Les noms du navire et du capitaine,

Si le prêt a lieu pour un ou plusieurs voyages, pour quel voyage et pour quel temps,

L'époque du remboursement,

Le jour et le lieu où l'emprunt à la grosse a été fait.

ART. 571. Tout prêt à la grosse convenu dans ce royaume, doit être inscrit dans la huitaine de la signature du contrat, au greffe du tribunal d'arrondissement où l'acte a été signé.

Si l'emprunt a été fait dans ce royaume sur un navire étranger qui n'y a pas été équipé, l'inscription se fait au greffe du tribunal d'arrondissement où l'acte a été passé.

Art. 572. Si les dispositions des deux articles précédents n'ont pas été observées, le contrat ne sera pas réputé prêt à la grosse, et dans ce cas, l'emprunteur sera obligé personnellement envers le prêteur au paiement du principal et des intérêts légaux.

Art. 573. Tout acte de prêt à la grosse, s'il est à ordre, peut être négocié par un endossement dans la même forme que celui de la lettre de change.

Dans ce cas, le cessionnaire remplace l'endosseur, tant à l'égard du profit que des pertes, et sans que l'endosseur soit tenu à d'autre garantie qu'à celle de l'existence du prêt à la grosse.

Art. 574. Les emprunts à la grosse peuvent être affectés :

Sur le corps et la quille du navire,

Sur les agrès et apparaux,

Sur l'armement et les victuailles,

Sur le chargement,

Sur la totalité de ces objets conjointement, ou sur chacun en particulier,

Sur une partie déterminée de chacun d'eux,

Sur le prix de voiture et le profit espéré, sauf les dispositions de l'art. 578.

Art 575. Si un emprunt à la grosse est affecté sur le *navire*, sans autre désignation, il comprend les agrès et apparaux, ainsi que l'armement.

Art. 576. Tout emprunt à la grosse, fait pour une somme excédant la valeur des objets sur lesquels il est affecté, peut être déclaré nul, à la demande du prêteur, s'il est prouvé qu'il y a fraude de la part de l'emprunteur.

S'il n'y a fraude, le contrat est valable jusqu'à concurrence de la valeur des objets affectés à l'emprunt; le surplus de la somme empruntée est remboursé avec les intérêts légaux.

Art. 577. Nul prêt à la grosse ne peut être fait aux matelots ou gens de mer sur leurs loyers ou voyages.

Art. 578. Tout emprunt à la grosse qui ne serait fait que sur le fret à gagner ou sur le profit espéré des marchandises, ou exclusivement sur ces deux objets, est prohibé.

Le prêteur dans ce cas et dans celui prévu par l'article précédent, n'a droit qu'au remboursement du capital, sans aucun intérêt.

Art. 579. Un emprunt à la grosse fait par

le capitaine dans le royaume, sans autorisation par écrit des propriétaires qui y demeurent, ou à l'étranger, sans avoir satisfait aux formalités prescrites par l'art. 372, ne donne action et privilége que sur la portion que le capitaine peut avoir dans l'objet affecté.

Art. 580. Sont affectées aux sommes empruntées pour radoub et victuailles, les parts et portions des propriétaires qui n'auraient pas fourni leur contingent pour mettre le bâtiment en état, après la sommation judiciaire qui leur doit être faite, même si l'emprunt a été fait dans le lieu de la demande des retardataires sans leur consentement.

Art. 581. Les sommes empruntées pour les besoins du dernier voyage du navire sont remboursées par préférence à la dette du prix d'un achat non payé, et à l'argent prêté pour un voyage précédent.

Les sommes empruntées par le capitaine pendant et pour les besoins du voyage par nécessité, sont préférées à celles qui auraient été empruntées avant le départ du navire; et s'il y a plusieurs emprunts faits par lui pendant le même voyage, le dernier sera toujours préféré à celui qui l'aura précédé.

Les emprunts à la grosse, contractés dans le même voyage et dans le même port de relâche forcée, pendant le même séjour, viendront en concurrence.

Art. 582. Le prêteur à la grosse sur marchandises chargées dans un navire désigné au contrat, ne supporte pas la perte des marchandises, même par fortune de mer, si elles ont été rechargées dans un autre navire, à moins qu'il ne soit légalement constaté que ce chargement a eu lieu par force majeure.

Art. 583. En cas d'emprunt à la grosse sur des marchandises avant le voyage commencé, il en doit être fait mention sur les connaissements et sur la liste ou le manifeste de la cargaison, avec désignation de la personne à qui le capitaine doit faire connaître son heureuse arrivée au lieu de sa décharge.

A défaut de ce, le consignataire est préféré au porteur du contrat à la grosse, s'il a accepté des lettres de change ou fait des avances sur la foi du connaissement.

Le capitaine, ignorant la personne à laquelle il doit faire connaître son arrivée, peut, à défaut de cette désignation, faire décharger les marchandises, sans se rendre, dans ce cas, responsable d'aucune manière envers le porteur du contrat de prêt à la grosse.

ART. 584. Est personnellement responsable du paiement de la dette, celui qui, au préjudice du prêteur, a déchargé de mauvaise foi des marchandises affectées à l'emprunt à la grosse.

ART. 585. Si le temps des risques maritimes n'est point déterminé par le contrat à la grosse, il commence à courir, à l'égard du navire, des agrès, apparaux, armement et victuailles, du moment où le navire a fait voile, et il finit au moment où le navire est ancré ou amarré au port ou lieu de sa destination.

A l'égard des marchandises, les risques commencent du moment où ces marchandises ont été chargées à bord du navire ou des gabarres destinées à les y transporter, et du jour du contrat, si l'emprunt sur des marchandises chargées a été fait pendant le voyage.

Dans les deux derniers cas, le temps du risque finit au moment où les marchandises sont déchargées au lieu de leur destination ou auraient dû l'être.

ART. 586. Lorsqu'après un contrat à la grosse, le voyage pour lequel il a été fait n'a pas lieu, le prêteur a le droit de répéter par privilége le capital et les intérêts légaux, sans prime, à moins que le danger n'ait déjà commencé à courir pour son compte, selon l'article précédent. Dans ce cas il a droit à la prime.

Art. 587. L'emprunteur est personnellement responsable du principal et de la prime, si la destination du navire a été changée par son fait ou de son consentement, ou si le navire ou les marchandises affectées sont détériorées, diminuées ou ont péri par le vice propre de l'objet, ou par le fait, la fraude ou la négligence de l'emprunteur.

Art. 588. La somme prêtée ne peut être réclamée, si les objets sur lesquels le prêt à la grosse a eu lieu sont entièrement perdus, ou pris et déclarés de bonne prise, et que la perte ou la prise soit arrivée par cas fortuit ou force majeure, dans le voyage pour lequel l'emprunt a été fait.

Si une partie des objets affectés est sauvée, le prêteur conserve ses droits sur les effets sauvés, mais pas au-delà.

Art. 589. Le prêt à la grosse contracté par nécessité ne supporte d'autre avarie que le dommage causé par la perte ou la diminution, selon l'article 569, s'il n'y a convention contraire.

Art. 590. Si le navire ou les marchandises sur lesquels le prêt à la grosse a été fait, éprouvent quelque désastre de mer ou sont pris, l'emprunteur est tenu d'en avertir le prêteur aussitôt que la nouvelle est parvenue à sa connaissance.

Indépendamment des obligations imposées par le troisième titre de ce livre, l'emprunteur doit faire toutes les diligences pour sauver le navire aux dépens des objets affectés, s'il se trouve à proximité, faute de quoi il est passible de dommages et intérêts dans les deux cas.

Art. 591. Celui qui, en cas d'échouement ou de naufrage d'un navire affrété, paie des dettes préférées à celles qui proviennent d'un prêt à la grosse, est subrogé de plein droit au créancier primitif.

TITRE IX.

Des assurances contre les risques de mer et d'esclavage.

SECTION I.

De la forme et de l'objet du contrat d'assurance.

Art. 592. La police doit énoncer, indépendamment des mentions exigées par l'art. 256 :

1° Le nom du capitaine, le nom et la désignation du navire, et en cas d'assurance du navire, la mention s'il est construit en bois de sapin, ou la déclaration que l'assuré ignore ce fait,

2° Le lieu où les marchandises sont chargées ou doivent l'être,

3° Le port d'où le navire a dû ou doit partir,

4° Les ports ou rades dans lesquels il doit charger ou décharger,

5° Ceux dans lesquels il doit entrer,

6° Le lieu d'où le risque de l'assureur commence à courir,

7° La valeur du navire assuré.

Le tout sauf les exceptions mentionnées au présent titre.

Art. 593. L'assurance pour risques de mer a particulièrement pour objet :

Le corps et la quille du vaisseau, chargé ou vide, armé ou non armé, navigant seul ou accompagné,

Les agrès et apparaux,

Les armements,

Les victuailles, et en général tout ce que le navire a coûté jusqu'au moment de son départ,

Les sommes prêtées à la grosse et la prime,

La cargaison,

Le profit espéré,

Le fret à gagner,

Les risques de l'esclavage.

L'assurance du navire sans autre désignation, comprend le corps et la quille, les agrès, les apparaux et armements.

Art. 594. L'assurance peut être faite sur le tout ou sur une partie desdits objets, conjointement ou séparément.

En temps de paix ou en temps de guerre, avant ou pendant le voyage du navire,

Pour l'aller ou le retour, ou seulement pour l'un des deux ; pour le voyage entier, ou pour un temps limité ;

Pour tous les risques de mer ;

Sur bonnes et mauvaises nouvelles.

Art. 595. Si l'assuré ignore dans quel navire sont chargées les marchandises qu'il attend de l'étranger, il sera dispensé de désigner le capitaine ou le navire, pourvu que l'ignorance de l'assuré sur ce point soit déclarée dans la police, ainsi que la date et la signature de la dernière lettre d'avis ou d'ordre qu'il a reçue.

Dans ce cas, les intérêts de l'assuré ne pourront être assurés que pour un temps déterminé.

Art. 596. Si l'assuré ignore l'espèce de marchandises qui lui sont envoyées ou consignées, il peut les faire assurer sous la dénomination générale de *marchandises*.

Cette assurance ne comprend pas l'or ou l'argent monnayés, les lingots des mêmes matières, les diamants, perles, bijouteries et les munitions de guerre.

Art. 597. Seront applicables les dispositions des art. 269 et 270, si l'assurance est faite sur des navires ou marchandises qui, lors du contrat d'assurance, étaient déjà arrivés au lieu de leur destination, ou sur quelqu'intérêt dont le dommage existait déjà à cette époque, pourvu qu'il soit prouvé, ou qu'il y ait présomption que l'assureur avait connaissance de l'arrivée à bon port, ou l'assuré ou son mandataire de l'existence de l'avarie des objets assurés, lors du contrat conclu.

Art. 598. La présomption mentionnée dans l'art. 270 n'existe pas à l'égard de l'assuré, si l'assurance est faite sur bonnes ou mauvaises nouvelles, pourvu que, dans ce cas, la police énonce la dernière nouvelle qu'a reçu l'assuré à l'égard de l'objet assuré, et si l'assurance a été faite pour le compte d'un tiers, pourvu qu'en cas de dommage, on constate la date du mandat qu'a reçu le mandataire pour conclure l'assurance.

Avec cette convention, l'assurance ne pourra être annulée, à moins qu'il ne soit prouvé que l'assuré ou son mandataire savait la perte avant la conclusion du contrat.

Art. 599. Le contrat d'assurance est nul s'il a pour objet :

1° Les loyers ou gages des gens de l'équipage,

2° La prime ou le chapeau du capitaine,

3° Des navires ou marchandises affectées antérieurement à la grosse pour leur valeur entière,

4° Des choses dont le trafic est prohibé par les lois ou règlements, etc.,

5° Des navires soit nationaux, soit étrangers,

employés à transporter les objets mentionnés au n° 4.

Art. 600. Si les navires ou marchandises ne sont pas affectés à la grosse pour leur valeur entière, l'excédant et l'avarie grosse qui doit être payée en cas d'arrivée à bon port, pourront seulement être assurés.

Art. 601. Si l'excédant des objets affectés en partie à la grosse est aussi assuré, le prêteur à la grosse et l'assureur partageront, en cas d'abandon à l'assureur, le montant de ce qui est sauvé, en proportion de leurs intérêts réciproques.

Cependant si, dans ce cas, on a contracté à la grosse par nécessité, le prêt à la grosse primera l'assurance.

Art. 602. L'assurance sur le corps et la quille du navire ne peut être faite pour la valeur entière du navire, avec tous ses apparaux et tous les frais, jusqu'à ce qu'il ait fait voile.

Art. 603. Il est permis de faire assurer des navires déjà sortis, ou des marchandises déjà transportées du lieu où le risque devait commencer pour le compte de l'assureur, pourvu qu'on énonce dans la police, soit l'époque précise du départ ou du transport, soit l'ignorance de l'assuré à cet égard.

Dans tous les cas, la police doit énoncer, à peine de nullité, la dernière nouvelle parvenue à l'assuré concernant le navire ou les marchandises, et si l'assurance est faite pour le compte d'un tiers, la date que porte sa lettre d'ordre ou d'avis, ou la déclaration expresse que l'assurance est faite sans mandat de l'intéressé.

Art. 604. Si l'assuré fait dans la police la déclaration qu'il ignore l'époque du départ des navires, et s'il se trouve que l'assurance a été contractée après leur départ de l'endroit d'où le risque de l'assureur a commencé, celui-ci pourra exiger de l'assuré, dans le cas d'avarie, la déclaration sous serment d'avoir ignoré le jour du départ.

Art 605. Si la police ne fait mention ni du départ du navire, ni que l'assuré en ignore l'époque, celui-ci est censé avoir reconnu que le navire était encore dans le lieu d'où il devait partir, au départ du dernier courrier arrivé avant la conclusion du contrat, ou s'il n'y a pas de poste régulière, à la première occasion favorable pour en faire porter la nouvelle.

Art. 606. L'assurance est nulle lorsqu'elle a été faite sur des navires qui ne se trouvent pas encore au lieu d'où les risques doivent commencer, ou qui ne sont pas encore prêts pour entreprendre le voyage ou pour prendre la charge, ou lorsque l'assurance a été faite sur des marchandises qui ne peuvent être chargées immédiatement, à moins qu'il ne soit fait mention de ces circonstances dans la police, ou que la police ne contienne la déclaration que l'assuré n'en a aucune connaissance, avec mention de la lettre d'avis ou d'ordre, ou à défaut de lettre d'avis ou d'ordre que la police ne contienne la déclaration que celle-ci n'existe pas, et dans tous les cas ne mentionne la dernière nouvelle que l'assuré a reçue du navire ou des marchandises.

L'assuré et son mandataire sont tenus, en cas de dommage, d'affirmer leur ignorance sous serment sur la demande de l'assureur.

Art. 607. La police d'une assurance sur des sommes prêtées à la grosse doit exprimer séparément la somme prêtée et le profit maritime, autrement l'assurance est censée ne pas comprendre le profit maritime.

Art. 608. Toute assurance sur des sommes prêtées à la grosse est nulle, si la police n'énonce :

Le nom de l'emprunteur, quand même ce serait le capitaine,

Le nom du navire qui fera le voyage et du capitaine,

La destination du navire,

L'indication si les sommes ont été employées pour radoub ou autres frais nécessaires dans le lieu du chargement ou dans un port de relâche forcée.

Art. 609. Si, pendant le voyage, le capitaine s'est trouvé dans la nécessité d'emprunter à la grosse, le prêteur peut faire assurer le montant du contrat, lors même qu'une assurance aurait déjà eu lieu sur des objets affectés au prêt.

Art. 610. Lorsque, sans nécessité et dans le seul intérêt de l'emprunteur, un navire ou des marchandises déjà assurés sont affectés à un prêt à la grosse, le prêteur est subrogé aux droits que l'emprunteur aurait contre l'assureur, jusqu'à concurrence de la somme prêtée.

Art. 611. Cependant, si le prêteur n'a pas été averti du contrat d'assurance, et s'il l'affirme sous serment, les assureurs à la grosse ne seront pas libérés; mais, en cas de dommage, l'assuré est tenu de leur céder les droits qu'il aurait sur les assureurs du navire ou des marchandises, en vertu de la subrogation légale.

Si le prêteur exerce son droit directement sur les assureurs du navire ou du chargement, les assureurs de la somme prêtée seront libérés, en restituant la prime.

ART. 612. Il est permis de faire assurer des marchandises pour la valeur entière qu'elles auront au temps et lieu de l'envoi, avec tous les frais jusqu'à bord du navire, la prime d'assurance y compris, sans qu'il soit besoin d'une spécification de la valeur de chaque objet.

ART. 613. La valeur réelle des objets assurés peut être augmentée du fret, des droits d'entrée et autres frais qui, lors de l'heureuse arrivée, doivent nécessairement être payés, pourvu qu'il en soit fait mention dans la police.

ART. 614. Si les objets assurés n'arrivent pas à bon port, l'augmentation mentionnée en l'article précédent sera sans effet, en tant qu'elle empêcherait en tout ou en partie le paiement du fret, des droits d'entrée et autres frais.

Mais si le fret a dû être avancé au capitaine

d'après une convention faite avant le départ, l'assurance subsiste quant à cette avance; en cas de perte ou d'avarie, le fait de ce paiement doit être prouvé.

Art. 615. Lorsqu'il y a assurance sur le profit espéré, il sera évalué séparément dans la police, avec désignation des marchandises sur lesquelles il est espéré, à peine de nullité.

Dans le cas d'une évaluation en bloc de l'objet assuré, avec stipulation expresse que l'excédant de sa valeur sera considéré comme profit espéré, l'assurance n'est valable que pour la valeur des objets assurés; mais l'excédant sera réduit à la quantité du profit espéré qu'on pourra prouver, et l'évaluation en sera faite d'après les dispositions des art. 621 et 622.

Art. 616. Le frêt peut être assuré en totalité.

Art. 617. En cas de perte ou d'échouement du navire, on déduira du fret assuré tout ce que, par suite de cet événement, le capitaine ou le propriétaire du navire sont dispensés de payer aux gens de l'équipage pour leurs gages et autres frais.

ART. 618. En cas d'assurance contre les risques de l'esclavage, on stipule une somme pour la rançon de la personne assurée.

Si la personne assurée est rachetée pour une somme moindre que celle convenue, la différence profite à l'assureur; si la rançon est plus élevée, l'assuré ne peut exiger que la somme stipulée dans la police.

SECTION II.

De l'évaluation des objets assurés.

ART. 619. Si la valeur entière du corps et de la quille d'un navire a été assurée, elle pourra néanmoins être diminuée par le juge sur le rapport d'experts, lors même que le navire aurait été antérieurement expertisé :

1° Si le navire a été estimé dans la police selon le prix d'achat ou de sa construction, et qu'il soit diminué de valeur par vétusté ou par suite des voyages qu'il a faits ;

2° Si le navire, ayant été assuré pour plusieurs voyages, a péri après en avoir fait un ou plusieurs, et perçu le fret.

ART. 620. Si l'assurance est faite en retour d'un pays où le commerce ne se fait que par troc, l'estimation de la valeur des marchandises assurées est réglée d'après le prix qu'ont coûté celles données en échange, en y joignant les frais de transport.

Art. 621. Le profit espéré est prouvé par les prix-courants reconnus, ou, à défaut, par des déclarations d'experts constatant le gain qu'on aurait pu raisonnablement obtenir, si les marchandises assurées après un voyage ordinaire étaient arrivées au lieu de la destination.

Art. 622. S'il est prouvé par les prix-courants ou l'évaluation des experts, qu'en cas d'arrivée, le gain aurait été inférieur à la somme déclarée par l'assuré dans la police, l'assureur est libéré en payant cette somme inférieure. Il ne doit rien, si les objets assurés n'auraient produit aucun profit.

Art. 623. Le montant du fret est prouvé par les chartes-parties ou par les connaissements.

A défaut de chartes-parties et de connaissements, et à l'égard des marchandises qui appartiennent aux propriétaires mêmes du navire, le montant du fret est réglé par experts.

SECTION III.

Du commencement et de la fin des risques.

Art. 624. En cas d'assurance du navire, l'assureur court les risques du moment que le capitaine a commencé de charger des marchandises ; et s'il part en lest, du moment qu'il a commencé à charger le lest.

Art. 625. Les risques de l'assureur finissent, dans le cas de l'article précédent, vingt-et-un jours après que le navire assuré est entré dans le lieu de sa destination, ou plus tôt, dès que les dernières marchandises ou derniers effets ont été déchargés.

Art. 626. En cas d'assurance d'un navire pour l'aller et le retour, ou pour plusieurs voyages, l'assureur court les risques sans interruption, jusque et compris le vingt-et-unième jour après la fin du dernier voyage, ou jusqu'à ce que la cargaison soit déchargée, si elle l'est avant cette époque.

Art. 627. A l'égard des marchandises assurées, les risques de l'assureur commencent du moment qu'elles ont été transportées sur le quai pour être chargées dans le navire, et finissent quinze jours après l'arrivée du navire dans le lieu de sa destination, ou plus tôt, si les marchandises y ont été déchargées et placées sur le quai.

ART. 628. En cas d'assurance sur marchandises, le temps du risque court sans interruption, même dans le cas où le capitaine a été dans la nécessité de décharger après avoir abordé dans un port de relâche pour radouber le navire, et il finit dès que le voyage est légalement rompu, ou que l'assureur a donné ordre de ne pas décharger les marchandises, ou, enfin, dès que le voyage est terminé.

ART. 629. Si le capitaine ou l'assuré est empêché, par des causes légitimes, de décharger les marchandises dans le délai prescrit par l'art. 627, sans que le retard puisse lui être imputé, l'assureur court les risques jusqu'à la fin du déchargement.

ART. 630. Le risque sur le fret assuré commence, à l'égard de l'assureur, du moment et au fur et à mesure que les marchandises contribuant au fret sont chargées, et il finit quinze jours après qu'elles sont arrivées dans le lieu destiné pour leur décharge, ou plus tôt, si elles ont été déchargées avant cette époque.

La disposition de l'art. 629 sera applicable en ce cas.

ART. 631. Les risques des assureurs sur des sommes prêtées à la grosse, commencent et finissent du moment que commencent et finissent les risques du prêteur, d'après la loi ou d'après une convention notifiée à l'assureur.

ART. 632. Si le voyage est rompu après que le risque de l'assureur a commencé, ce risque continue, après la rupture, pendant quinze jours pour les assurances sur marchandises, et pendant vingt-et-un jours pour celles sur le navire, ou plus tôt, si les dernières marchandises ou les derniers effets ont été déchargés avant cette époque.

ART. 633. L'époque où commence et finit le risque pour le profit espéré, est la même que celle déterminée pour les marchandises.

ART. 634. Dans toutes les assurances, les parties contractantes ont le droit de faire par la police, à l'égard de l'époque précise du commencement et de la durée des risques, telles autres stipulations qu'elles trouveront convenables.

SECTION IV.

Des droits et obligations de l'assureur et de l'assuré.

Art. 635. Si le voyage est rompu avant que les risques de l'assureur aient commencé, l'assurance est annulée.

La prime sera retenue par l'assuré ou restituée par l'assureur. Dans les deux cas, l'assureur recevra un demi pour cent de la somme assurée, ou bien la moitié de la prime, si elle ne s'élève pas en entier à un pour cent.

Art. 636. Lorsque le voyage est rompu après que le risque de l'assureur a commencé, mais avant que le navire ait levé l'ancre ou défait les amarrages du dernier lieu de sortie, l'assureur recevra un pour cent de la somme assurée, si la prime porte un pour cent ou plus; mais si elle est au-dessus d'un pour cent, l'assureur jouira de la prime entière.

La prime entière est toujours due lorsque l'assuré réclame un dommage quelconque.

Art. 637. Sont aux risques de l'assureur toutes

pertes et dommages qui arrivent aux objets assurés par tempête, orage, naufrage, échouement, abordage, changement forcé de route, de voyage ou de navire, par jet, incendie, violence injuste, inondation, prise, pillage, arrêt par ordre de puissance, déclaration de guerre, représailles, négligence ou baraterie du capitaine ou de l'équipage, et généralement par toutes autres fortunes de mer, à moins que l'assureur ne soit libéré de quelques risques par la loi ou par convention insérée dans la police.

ART. 638. En cas d'assurance sur le navire, tout changement volontaire de route ou de voyage, et en cas d'assurance sur le fret, tout changement volontaire de route, de voyage ou de navire, dans les deux cas, par le propre fait du capitaine ou sur l'ordre des propriétaires du navire, fait cesser les obligations de l'assureur.

En cas d'assurance sur marchandises il en est de même, si le changement volontaire de route, de voyage ou de navire a eu lieu sur l'ordre ou du consentement exprès ou tacite de l'assuré.

Le voyage est réputé changé aussitôt que le capitaine s'est dirigé vers une autre destination que celle pour laquelle il est assuré.

ART. 639. Le changement volontaire de route

ne consiste pas dans une déviation peu importante, mais lorsque le capitaine, sans nécessité ni utilité reconnues, et sans raison valable pour l'intérêt du navire ou du chargement, aborde un port hors de la route, ou lorsqu'il prend une autre direction que celle qu'il devait suivre.

En cas de contestation à cet égard, le juge décidera après avoir entendu des experts.

Art. 640. En cas d'assurance sur le navire et sur le fret, l'assureur est déchargé des dommages causés par la fraude ou la baraterie du capitaine, s'il n'y a convention contraire.

Cette convention est illicite, lorsque le capitaine est seul propriétaire du navire, ou en tant qu'il y prend part.

Art. 641. Si l'assurance est faite sur des marchandises appartenant aux propriétaires du navire dans lequel elles sont chargées, l'assureur n'est pas responsable des pertes causées par la fraude ou la baraterie du capitaine, ou par changement volontaire de route, de voyage ou de navire, même dans le cas où ce changement aurait eu lieu sans la faute ou à l'insu de l'assuré, s'il n'y a convention contraire.

Art. 642. En cas d'assurances sur le fret,

l'assureur est déchargé des pertes survenues depuis le moment où le capitaine, pourvu de tout ce qui est nécessaire pour entreprendre le voyage, a négligé de mettre à la voile, sans raison légitime pour l'intérêt du navire ou du chargement, à moins que l'assureur n'ait expressément assuré ces retards.

Art. 643. Si des objets liquides sont assurés, tels que vin, eau-de-vie, huile, miel, poix, goudron, sirop et autres, ainsi que le sel et le sucre, l'assureur est déchargé des dommages par coulage ou liquéfaction, à moins que la perte n'ait été causée par secousses, naufrage ou échouement du navire, ou que ces marchandises n'aient été déchargées et ensuite rechargées dans un port de relâche forcée.

Dans le cas où l'assureur est tenu de payer le dommage arrivé par le coulage ou la liquéfaction, on en déduira néanmoins tout ce que de pareilles marchandises perdent ordinairement, d'après le rapport d'experts.

Art. 644. Lorsque, dans les cas où la loi le permet, une assurance a été faite sous la dénomination générale d'effets ou de marchandises, ou sur l'intérêt quelconque de l'assuré, et que les objets assurés sont promptement sujets à détérioration ou à diminution, l'assureur est libéré de la partie du dommage qui en résulte, et non supportable par les assureurs d'après les coutumes du lieu de l'assurance. En cas de contestation, le juge décidera sur un rapport d'experts.

Si parmi les marchandises indiquées ci-dessus il s'en trouve qui ne sont ordinairement assurées, dans le lieu où l'assurance a été contractée, que franc d'avarie, de coulage ou de liquéfaction, l'assureur en est entièrement libéré.

ART. 645. Si les marchandises de l'espèce mentionnée dans l'article précédent ont été désignées nominativement dans la police, sans stipulation spéciale pour l'avarie, l'assureur est déchargé des avaries qui n'excèdent pas trois pour cent.

ART. 646. Lorsqu'on a contracté une assurance avec la clause *franc d'avarie*, en y ajoutant ou non *en cas d'arrivée sauve*, l'assureur n'est tenu d'aucun dommage quelconque, si les objets assurés arrivent gâtés ou détériorés à leur destination.

Il en est de même dans le cas où les objets sont vendus en chemin ou dans un port de relâche à cause de l'endommagement, ou bien de peur qu'ils ne se gâtent et ne communiquent leur vice à d'autres objets.

Les avaries grosses, ainsi que le dommage causé par jet, prise, pillage et autres, ou par le naufrage du navire, seront à la charge de l'assureur nonobstant la clause.

ART. 647. Lorsque l'assurance a été faite avec la clause *franc d'hostilité*, l'assureur est affranchi, si les objets périssent ou sont endommagés par l'effet de violence, prise, pillage, piraterie, arrêt par ordre de puissance, déclaration de guerre et représailles.

Le contrat d'assurance cesse dès que l'objet assuré a été retardé, ou la route changée à cause des hostilités.

Le tout sauf l'obligation de l'assureur de réparer le dommage qui a eu lieu avant les hostilités.

ART. 648. Néanmoins, si en stipulant la franchise d'hostilité, il a été convenu que l'assuré, malgré la prise, serait garanti des pertes ordinaires, l'assureur est tenu de tout autre dommage que celui résultant du fait d'hostilité jusqu'au moment où le navire sera amarré dans le port.

Dans le doute sur la cause de la perte, les

objets assurés sont présumés avoir péri par fortune de mer, et l'assureur en est responsable.

Art. 649. Lorsqu'un navire ou des marchandises assurés *franc d'hostilité*, ont été hostilement saisis ou retenus dans un port, ils sont censés être pris en mer et les risques de l'assureur cessent.

Art. 650. Si, dans le cas de l'art. 595, une assurance a été faite pour un temps déterminé, l'assuré doit prouver que les objets assurés ont été chargés, dans le temps déterminé, à bord du navire naufragé ou endommagé.

Art. 651. En cas de dédommagement de marchandises achetées ou chargées par le capitaine pour son compte ou pour celui du navire, il est tenu de prouver à l'assureur l'achat des marchandises, et de représenter le connaissement signé par deux des principaux de l'équipage.

Art. 652. Si l'assurance a lieu divisément pour des marchandises qui doivent être chargées sur plusieurs navires désignés, avec énonciation de la somme assurée sur chacun, et si le chargement entier est mis sur un seul navire ou sur un moindre nombre qu'il n'en est désigné par le contrat, l'assureur n'est tenu que de la somme qu'il a assurée sur le navire ou sur les navires qui ont reçu le chargement, nonobstant la perte de tous les navires désignés ; et il recevra néanmoins un demi pour cent, au moins, des sommes dont les assurances se trouvent annulées, selon les distinctions faites en l'art. 635.

Art. 653. L'assureur est déchargé des risques ultérieurs, et la prime lui est acquise, si l'assuré envoie le navire en un lieu plus éloigné que celui qui est désigné par le contrat.

L'assurance produit son entier effet si le voyage est raccourci.

Art. 654. L'assuré est tenu de communiquer sans délai à l'assureur, ou s'il y en a plusieurs sur une même police, au premier signataire, toutes les nouvelles qu'il reçoit concernant tout désastre arrivé au navire ou aux objets assurés, et de donner aux assureurs qui le requièrent des copies ou extraits des lettres qui les indiquent.

A défaut, il est passible des dommages et intérêts.

Art. 655. Aussi long-temps que l'assuré n'a pas effectué le délaissement qu'il aurait le droit de faire, il est tenu, en cas de naufrage ou d'échouement, de prise ou d'arrêt, de faire toute diligence pour sauver ou réclamer les objets assurés.

Il n'est pas nécessaire, à cet effet, que l'assuré soit muni d'une procuration des assureurs; il a même le droit de leur demander les avances nécessaires pour faire face aux frais de sauvetage ou de réclamation.

Art. 656. L'assuré obligé de veiller au sauvetage, ou de faire une réclamation hors du royaume, et qui en a chargé son correspondant ordinaire, ou une autre maison ou personne jouissant de crédit, n'est pas responsable de sa gestion, mais il est néanmoins tenu de céder à l'assureur son droit d'action contre son mandataire.

Art. 657. Si la police ne désigne pas la nation à laquelle le propriétaire des objets assurés appartient, l'assuré, en cas de prise ou d'arrêt illégitime, est également tenu de réclamer, à moins qu'il n'en soit dispensé par la police.

Art. 658. Le jugement d'un tribunal étranger qui porte confiscation d'un navire ou de marchandises comme n'étant pas neutres, et qui néanmoins ont été assurés comme tels, ne suffit pas pour décharger l'assureur du paiement de cette perte, si l'assuré peut prouver que les objets assurés ont été réellement propriété neutre, et qu'il a employé devant ce tribunal tous les moyens, et produit toutes les pièces justificatives pour prévenir la déclaration de bonne prise.

Art. 659. En cas d'assurance sur un prêt à la grosse, l'assureur n'est pas responsable de la fraude de l'emprunteur, à moins de stipulation contraire dans la police.

Art. 660. Le changement de voyage par le fait de l'emprunteur à la grosse, fait cesser l'assurance sur le prêt, s'il n'y a stipulation contraire dans la police.

L'assureur reçoit dans ce cas un demi pour cent de la somme assurée.

Art. 661. L'augmentation de prime stipulée pour le cas d'une guerre éventuelle ou d'autres événements, sera réglée par le juge si la quotité n'en a pas été déterminée dans la police, après un rapport d'experts et eu égard aux risques, aux circonstances et aux stipulations de la police d'assurance.

Art. 662. Dans le cas où les objets assurés

ne sont pas expédiés, ou lorsqu'une moindre quantité est expédiée, ou qu'il a été assuré par erreur au-delà de la valeur, et généralement dans les cas prévus par l'art. 281, l'assureur jouit d'un demi pour cent de la somme assurée ou de la moitié de la prime, d'après les distinctions établies en l'art. 635, si la loi ou le contrat ne lui accorde pas spécialement une indemnité plus forte.

Celui qui a contracté une assurance pour un autre sans indiquer son nom dans la police, ne pourra réclamer la prime parce que l'intéressé n'a pas envoyé les marchandises assurées, ou les a envoyées en moindre quantité.

SECTION V.

Du délaissement.

Art. 663. Le délaissement des navires et marchandises assurées peut être fait :

En cas de naufrage,

D'échouement avec bris,

D'innavigabilité par fortune de mer,

En cas de prise ou d'arrêt par une puissance étrangère,

En cas d'arrêt par le gouvernement des Pays-Bas après le commencement du voyage,

Le tout sauf les dispositions des articles suivants.

Art. 664. Le délaissement à titre d'innavigabilité ne peut être fait, si le navire ayant touché ou échoué peut être relevé, réparé et mis en état de continuer sa route pour le lieu de sa destination, à moins que les frais de la réparation n'excèdent les trois quarts de la valeur pour laquelle le navire a été assuré.

Art. 665. Si le navire ou les marchandises ont échoué ou ont été pris ou arrêtés, le délaissement peut être fait immédiatement, lorsque les assureurs refusent ou négligent de faire les avances nécessaires à l'assuré pour faire face aux frais du sauvetage ou de la réclamation.

En cas de contestation cette somme sera évaluée par le juge.

Elle est à la charge de l'assureur, quand même les frais joints au montant du dommage pour lequel il est engagé, excèdent la somme pour laquelle l'assurance a été faite.

Art. 666. Le délaissement pour perte ou détérioration ne peut être fait que lorsqu'elle atteint ou excède les trois quarts de la somme assurée.

Art. 667. L'assuré peut encore faire le délaissement à l'assureur et demander le paiement sans être tenu de prouver la perte du navire, si depuis le jour du départ du navire, ou le jour auquel se rapportent les derniers avis, il s'est écoulé les délais suivants sans qu'on en ait reçu aucune nouvelle.

Six mois pour les voyages de ce royaume vers des ports ou côtes de l'Europe, ou vers ceux d'Asie et d'Afrique dans la Méditerranée et dans la mer Noire, *et vice versa.*

Un an pour les voyages de ce royaume vers Madère, les Indes Orientales, les îles Açores, Canaries ou autres îles ou côtes de l'Afrique, ou à l'est de l'Amérique, *et vice versa.*

Dix-huit mois pour les voyages de ce royaume vers les autres parties du monde et réciproquement.

En cas de voyages entre des ports situés tous les deux hors du royaume, le délai sera réglé d'après la distance des ports qui se rapprochera davantage des dispositions ci-dessus.

Dans tous ces cas, il suffit que l'assuré déclare (avec offre de serment) n'avoir reçu aucune nouvelle directe ou indirecte du navire assuré ou de celui dans lequel les marchandises assurées sont chargées, sauf la preuve contraire.

Art. 668. En cas de prise ou d'arrêt, le délaissement peut être fait, si les navires ou les marchandises pris ou arrêtés ne sont pas relâchés ou restitués dans les délais désignés par le précédent article, à raison de la distance du lieu où le navire a été pris ou arrêté, et à compter du jour où l'assuré en a reçu la nouvelle.

Art. 669. Lorsque des marchandises détériorées ou des navires déclarés innavigables ont été vendus en route. l'assuré pourra délaisser ses droits à l'assureur, si, nonobstant ses diligences, il n'a pas reçu le prix des objets vendus dans les délais déterminés par l'art. 667 ; le tout à raison de la distance du lieu de la vente, et à compter du jour de la réception de la nouvelle du désastre.

Art. 670. Dans les cas mentionnés aux trois articles précédents, le délaissement sera signifié à l'assureur dans le délai de trois mois après l'expiration des différentes époques fixées par lesdits articles.

Art. 671. Dans tous les autres cas. le délaissement sera signifié dans les délais mentionnés en l'art. 667, d'après la distance du lieu où le désastre est arrivé, et à compter du jour de l'arrivée de la nouvelle du désastre.

Art. 672. Après l'expiration des délais fixés par les deux articles précédents, l'assuré ne sera plus admis à faire le délaissement.

Art. 673. Dans les cas où le délaissement peut être fait, l'assuré est tenu de signifier à l'assureur les avis qu'il a reçus dans les cinq jours de leur réception, sous peine de dommages et intérêts.

Art. 674. Si une assurance a été faite pour un temps limité, la perte du navire, dans ces cas et après les délais énoncés en l'art. 667, sera présumée arrivée dans le temps de l'assurance.

S'il est prouvé cependant par la suite que la perte a eu lieu hors le temps de l'assurance, le délaissement cesse d'avoir son effet, et l'indemnité payée devra être restituée avec les intérêts légaux.

Art. 675. L'assuré est tenu, en faisant le délaissement, de déclarer toutes les assurances qu'il a faites ou ordonné de faire sur les objets assurés, et l'argent qu'à sa connaissance on a emprunté sur le navire ou les marchandises assurées, faute de quoi le délai du paiement, qui doit commencer à courir du jour du délaissement, sera suspendu jusqu'au jour où il fera notifier ladite déclaration, sans qu'il en résulte aucune prorogation du délai établi par la loi pour faire le délaissement.

En cas de déclaration frauduleuse, l'assuré est privé des effets de l'assurance.

Art. 676. L'assuré est tenu, en faisant le délaissement, de notifier aux assureurs tout ce qu'il a fait pour le recouvrement des effets assurés, ainsi que de désigner les personnes ou les correspondants qu'il a employés à cette fin.

Art. 677. Le délaissement ne peut être partiel ni conditionnel.

Si des navires ou des marchandises ne sont pas assurées pour leur entière valeur, et qu'ainsi l'assuré lui-même ait couru les risques en partie, le délaissement ne s'étend que jusqu'à concurrence de ce qui est assuré, en proportion de ce qui n'est pas assuré.

Art. 678. Le délaissement étant fait d'après les formes prescrites par la loi, les effets assurés appartiennent à l'assureur, à partir de l'époque de la signification du délaissement, sauf la portion de l'assuré, dans le cas du second alinéa du précédent article.

ART. 679. L'assureur ne peut se dispenser de payer la somme assurée, sous prétexte que le navire ou les marchandises assurés ont été relâchés ou restitués après le délaissement.

ART. 680. Si l'époque du délaissement n'est pas fixée par le contrat, l'assureur est tenu de payer le montant de l'assurance et les frais, six semaines après la signification du délaissement.

Après ce délai, il doit l'intérêt légal.

Les effets délaissés sont affectés au paiement

SECTION VI.

Des droits et obligations des courtiers en matière d'assurance maritime.

ART. 681. Les courtiers en matière d'assurance maritime sont tenus :

1° De remettre à l'assureur, ou si plusieurs ont contracté la même assurance, au premier entre eux, dans les 24 heures au plus tard après la conclusion du contrat, si la police n'a pas encore été rédigée et remise, une note certifiée par eux, contenant l'indication des objets assurés, la somme pour laquelle on a assuré, la prime et les conditions de l'assurance. Cette note fera foi entre les parties comme un commencement de preuve par écrit ;

2° D'insérer d'une manière claire et distincte dans la police toutes les conditions du contrat et les déclarations qui y sont relatives, ainsi que tout ce que la loi exige comme étant de l'essence de ce contrat ;

3° D'inscrire exactement dans un registre particulier la copie des polices négociées par leur entremise ;

4° De recueillir dans le même registre et de relater succinctement les notes, papiers et documents qu'ils ont remis aux assureurs lors de la demande de l'indemnité, comme aussi les avis et lettres qui ont été communiquées aux assureurs par leur intermédiaire, pendant et après la durée du contrat;

5° De remettre, en cas d'indemnité, à celui des assureurs qui a signé le premier la police, l'état du dommage, avec un inventaire des pièces justificatives certifié par eux ;

6° De donner copie certifiée par eux des polices, avis, lettres et notes mentionnées ci-dessus, autant de fois que les assureurs ou les assurés l'exigent.

Le tout à peine de dommages et intérêts.

Art. 682. Si, lors de la signature de la police d'une assurance maritime, la prime n'a pas été payée, le courtier, par l'entremise duquel l'assurance a été contractée, est obligé au paiement, comme d'une dette qui lui est propre, sauf néanmoins le recours de l'assureur contre l'assuré lui-même, à moins que celui-ci ne prouve qu'il a payé la prime au courtier; cependant l'assureur reste, en tout cas, obligé envers l'assuré.

Le courtier n'est pas obligé au paiement de la prime, s'il a été convenu dans la police, de ne pas la payer immédiatement.

Art. 683. Si l'assuré a payé la prime au courtier, et si le courtier a fait faillite dans le mois qui suit le paiement, l'assureur a un privilége pour le remboursement de cette somme qui prime celui de tout autre créancier du courtier, excepté toutefois les frais d'exécution et de liquidation de la faillite.

Art. 684. Le courtier qui a payé la prime à l'assureur, n'est pas tenu de remettre la police qu'il tient en main à l'assuré, tant que celui-ci ne lui a pas encore remboursé ses avances.

Si l'assuré fait faillite et que la police se trouve encore entre les mains du courtier, celui-ci a le droit de recevoir l'indemnité due par l'assureur, afin de se rembourser du montant de la prime, sauf son obligation de remettre le surplus à la masse du failli.

ART. 685. Si la police a été délivrée à l'assuré, mais qu'il n'ait pas reçu avant sa faillite l'indemnité entière due par l'assureur, le courtier qui a avancé la prime est préféré à tout autre créancier pour être payé sur le montant de l'indemnité, sans distinguer si le dommage est survenu avant ou après la faillite.

TITRE X.

Des assurances contre les risques du transport par terre, sur les rivières et autres eaux intérieures.

ART. 686. La police doit énoncer, indépendamment des mentions exigées par l'art. 256 :

1° Le délai dans lequel le voyage doit être fait, s'il est désigné par la lettre de voiture ;

2° Si le voyage doit être fait avec ou sans intervalle ;

3° Le nom du capitaine, du voiturier ou de l'expéditeur qui a entrepris le transport.

Art. 687. Les assurances ayant pour objet le transport par terre ou par les rivières et eaux intérieures, seront réglées en général et d'après les circonstances, selon les dispositions concernant les assurances maritimes, sauf ce qui est prescrit par les articles suivants.

Art. 688. En cas d'assurance d'effets, les risques de l'assureur commenceront aussitôt que les marchandises seront portées près de la voiture et du bateau, au bureau ou à tel autre lieu où l'on est accoutumé de remettre les effets pour le transport, et ils finiront dès qu'elles seront arrivées au lieu de leur destination et remises à leur adresse, ou bien mises à la disposition de l'assuré ou de son mandataire.

Art. 689. En cas d'assurance d'effets qui doivent être transportés par terre ou par les rivières et eaux intérieures, ou alternativement par terre et par eau, l'assureur n'est pas tenu des dommages si le trajet a été effectué sans nécessité par des voies extraordinaires ou d'une manière qui n'est pas commune.

Art. 690. Si le temps du trajet est déterminé par la lettre de voiture et qu'il en soit fait mention dans la police, l'assureur n'est pas tenu à indemnité pour les dommages qui ont eu lieu après le délai dans lequel les effets auraient dû être transportés.

Art. 691. En cas d'assurance d'effets qui doivent être transportés par terre ou bien par rivière et par eau alternativement, les risques de l'assureur continueront même dans le cas où les effets seraient chargés en voyage sur d'autres voitures ou bateaux.

Art. 692. Il en sera de même en cas d'assurance d'effets à transporter par rivières ou eaux intérieures, lorsqu'ils sont chargés sur d'autres bateaux, à moins que le contrat d'assurance ne soit fait pour des effets à charger sur un bâtiment déterminé ; dans ce dernier cas, les risques continueront néanmoins pour le compte de l'assureur, si le chargement sur d'autres bateaux a lieu afin de remettre le navire à flot lorsque la marée est basse, ou pour d'autres motifs impérieux.

Art. 693. En cas d'assurances d'objets à transporter par terre, l'assureur est tenu des perles et dommages causés par la faute ou la fraude de ceux qui sont chargés de recevoir, de transporter ou de remettre les effets.

ART. 694. Les dispositions de la cinquième section du neuvième titre s'appliqueront aussi aux assurances mentionnées au présent titre.

ART. 695. Les parties pourront convenir de s'écarter des règles posées ci-dessus dans les art. 688 et suivants.

TITRE XI.

Des avaries.

SECTION 1re.

Des avaries en général.

ART. 696. Sont réputées avaries, toutes dépenses extraordinaires faites pour le navire et les marchandises conjointement ou séparément, ainsi que tous dommages qui arrivent au navire et aux marchandises pendant le temps où les risques commencent et finissent, d'après la section troisième du titre neuvième.

ART. 697. A défaut de conventions spéciales,

les avaries sont réglées conformément aux dispositions suivantes.

Art. 698. Les avaries sont de deux espèces : Les avaries grosses et communes, et les avaries simples et particulières.

Les premières sont réparties entre le navire avec son fret et le chargement ; les secondes sont supportées ou par le navire, ou par la chose qui a essuyé le dommage ou occasionné la dépense.

Art. 699. Sont avaries grosses :

1° Tout ce qui est donné à l'ennemi ou aux corsaires par composition ou à titre de rachat du navire et des marchandises. En cas de doute, le rachat sera toujours censé être fait dans l'intérêt du navire et du chargement conjointement ;

2° Les objets jetés à la mer pour le salut commun ou pour l'utilité du navire et du chargement conjointement ;

3° Les câbles, mâts, voiles et autres apparaux que l'on a coupés ou rompus dans le même but ;

4° Les ancres, cordages et autres effets abandonnés pour le même motif,

5° Les dommages causés par le jet aux marchandises restées dans le navire ;

6° Les dommages faits expressément aux navires pour faciliter le jet, l'allégement ou le sauvetage des marchandises, ou pour faciliter l'écoulement de l'eau et les dommages arrivés à cette occasion à la cargaison ;

7° Les traitements, pansements, nourriture et dédommagement des personnes qui se trouvaient à bord et qui sont blessées ou mutilées en défendant le navire :

8° L'indemnité ou la rançon de ceux qui sont envoyés à terre ou en mer pour le service du navire et de la cargaison, et qui sont pris ou faits captifs et esclaves ;

9° Les gages et nourriture des gens de l'équipage pendant le temps que le navire est tenu de se tenir dans un port de relâche ;

10° Les droits de pilotage et autres frais d'entrée et de sortie payés dans un port de relâche forcée ;

11° Les loyers des magasins et dépôts dans lesquels sont déposées les marchandises qui ne peuvent rester dans le navire pendant le radoub fait dans un port de relâche forcée ;

12° Les frais faits pour la demande en restitution du navire et des marchandises, quand ils ont été arrêtés, ou amenés et qu'ils sont réclamés simultanément par le capitaine.

13° Les gages et nourriture des gens de l'équipage pendant cette réclamation, si le navire et le chargement sont relâchés ou restitués :

14° Les frais de déchargement et les salaires pour alléger le navire et entrer dans un hâvre ou dans une rivière, quand le navire est contraint de le faire par tempête, ou par la poursuite de l'ennemi ou des corsaires, ou par quelqu'autre motif, pour le salut du navire et de la cargaison, et les pertes et dommages arrivés aux marchandises par le déchargement du navire en danger, le chargement dans les alléges ou canaux, et le rechargement dans le navire;

15° Les dommages arrivés au navire et à la cargaison conjointement ou séparément, si l'on a fait échouer à dessein le navire pour en prévenir la prise ou la perte, ainsi que lorsqu'on l'a fait pour sauver le navire ou la cargaison dans quelqu'autre danger imminent;

16° Les frais faits pour remettre à flot le navire échoué dans le cas précédent, et toute récompense pour des services extraordinaires rendus afin de prévenir la perte ou la prise du navire;

17° La perte ou les dommages survenus aux marchandises chargées, en cas de danger, dans les alléges ou canaux, y compris la portion, dans l'avarie grosse, que doivent ces marchandises aux alléges ou canaux, et réciproquement la perte ou les dommages survenus aux marchandises restées dans le navire principal et au navire lui-même, après l'allégement, autant que ces dommages ou cette perte sont réputés avaries grosses;

18° Les gages et nourriture des gens de l'équipage, si le navire, après le voyage commencé, est obligé de le suspendre par ordre d'une puissance étrangère ou à cause d'une guerre survenue, aussi long-temps que le navire et la cargaison ne sont pas déchargés de leurs obligations réciproques;

19° Le profit maritime des sommes empruntées à la grosse pour couvrir les dépenses à répartir pour avaries communes;

20° La prime pour faire assurer les frais mentionnés à l'article précédent, et les pertes essuyées par la vente d'une partie de la cargaison dans un port de relâche forcée, afin de faire face à ces frais;

21° Les frais pour régler et faire la répartition des avaries grosses;

22° Les frais d'une quarantaine extraordinaire et non prévue lors de la conclusion de l'affrétement, autant que le navire et la cargaison y sont soumis, y compris les gages et la nourriture des gens de l'équipage;

23° En général, les dommages causés volontairement dans le cas de danger, et soufferts comme suite immédiate de ces évènements, ainsi que les dépenses faites en pareilles circonstances, après délibérations motivées pour le bien et le salut commun du navire et de la cargaison.

Art. 700. Ne sont pas réputés avaries communes, quoiqu'ils aient été faits volontairement et d'après délibérations motivées pour le bien du navire, les dommages ou les frais causés par des vices internes du navire, par son innavigabilité ou par la faute ou la négligence du capitaine ou de l'équipage.

Art. 701. Sont avaries particulières :

1° Tout dommage et perte arrivés au navire et aux marchandises par tempête, prise, naufrage ou échouement fortuit ;

2° Les frais faits pour les sauver ;

3° La perte et le dommage des câbles, ancres, cordages, voiles, mâts de beaupré et de perroquet, des vergues, canots et autres apparaux, causés par tempête ou autre accident de mer;

4° Les frais de réclamation, la nourriture et les gages des gens de l'équipage pendant la réclamation, si le navire ou les marchandises ont seulement été arrêtés;

5° La réparation particulière des futailles et les frais faits pour conserver les effets endommagés, à moins qu'ils ne résultent immédiatement d'un désastre donnant lieu aux avaries grosses ;

6° L'augmentation de fret et les frais de la charge et de la décharge, causés dans le cas où le navire est déclaré innavigable pendant le voyage, si les marchandises sont transportées par un autre navire pour le compte des chargeurs, suivant les dispositions de l'art. 478 du présent code ;

7° En général, tous dommages, pertes et frais qui ne sont pas faits ou occasionnés volontairement et pour le salut commun du navire et de la cargaison, mais qui sont soufferts par ou faits pour le navire ou pour la cargaison séparément, et qui par conséquent n'appartiennent pas aux avaries grosses, d'après l'art. 699.

Art. 702. Si, à cause des bas-fonds ou bancs de sable connus, le navire ne peut partir avec le chargement entier du lieu de son départ, ni arriver au lieu de sa destination sans en décharger une partie dans des alléges, les frais pour l'allégement ne sont pas réputés avarie.

Ces frais sont à la charge du navire, s'il

n'y a stipulation contraire dans la charte-partie ou dans les connaissements.

ART. 703. Les dispositions établies aux art. 698, 699, 700 et 701, à l'égard des avaries grosses et avaries particulières, sont également applicables à ces alléges et aux objets dont elles sont chargées.

ART. 704. Si, pendant le trajet, il arrive, soit à ces alléges, soit aux marchandises dont elles sont chargées, un dommage réputé avarie grosse, il est supporté pour un tiers par les alléges, et pour deux tiers par les marchandises qui se trouvent à leur bord.

Ces deux tiers sont ensuite répartis comme avarie grosse sur le navire principal, le montant du fret et le chargement entier, y compris celui des alléges.

ART. 705. Réciproquement et jusqu'au moment où les marchandises chargées dans les alléges sont déchargées au lieu de leur destination et remises aux consignataires, elles continuent de rester en communauté avec le navire principal et le surplus de son chargement, et contribuent aux avaries grosses qui pourraient leur être survenues.

Art. 706. Les marchandises qui ne sont pas encore à bord, soit du navire principal, soit des canots destinés à les y transporter, ne contribuent pas aux pertes qui arrivent au navire principal dans lequel elles sont destinées à être chargées.

Art. 707. Les dommages arrivés aux marchandises, faute par le capitaine d'avoir bien fermé les écoutilles, amarré le navire, fourni de bons guindages, et par tous autres accidents provenant de la faute ou de la négligence du capitaine ou de l'équipage, sont également avaries particulières; le chargeur a son recours contre le capitaine, le navire et le fret, pour ces avaries.

Art. 708. Les lamanages, pilotages, tonnages et autres frais pour entrer dans les hâvres ou rivières ou pour en sortir, les droits de congés, visites, tonnes, balises, ancrages et autres droits de navigation, ne sont point avaries; ils sont de simples frais à la charge du navire, à moins qu'il n'en soit convenu autrement dans les connaissements ou chartes-parties.

Ces frais ne peuvent, dans aucun cas, être portés à la charge des assureurs, excepté s'ils sont la suite de circonstances extraordinaires et inopinées survenues pendant le voyage.

Art. 709. Pour régler l'avarie particulière que l'assureur doit payer pour les marchandises assurées contre tout risque, on observera les dispositions suivantes :

Tout ce qui est pillé, perdu ou vendu en route pour cause d'endommagement par désastre maritime ou autre, contre lequel on a assuré, est estimé d'après la valeur énoncée dans la facture, ou, à défaut de facture, d'après celle pour laquelle l'assurance a été faite, conformément à loi, et l'assureur en paie le montant.

En cas d'arrivée à bon port, si les marchandises sont avariées en tout ou en partie, des experts constateront quelle aurait été leur valeur si elles étaient arrivées sans avaries, et quelle est leur valeur actuelle, et l'assureur paiera une partie du montant de l'assurance, en proportion de la différence qui existe entre ces deux valeurs, y compris les frais de l'expertise.

Le tout indépendamment de l'estimation du profit espéré, si l'assurance en a été faite.

Art. 710. L'assureur ne peut, dans aucun cas, contraindre l'assuré à vendre les objets assurés pour en fixer la valeur, à moins qu'il n'en soit convenu autrement dans la police.

Art. 711. Lorsqu'il s'agira de calculer des dommages hors du royaume, on suivra les lois ou usages du lieu où le calcul doit se faire.

Art. 712. Si les marchandises assurées arrivent dans le royaume endommagées ou diminuées, et que l'avarie soit visible à l'extérieur, la visite des marchandises et l'estimation des dommages doivent être faites par des experts, avant que les marchandises soient remises à la disposition de l'assuré.

Si l'avarie n'est pas visible à l'extérieur lors du déchargement, la visite peut être faite après que les marchandises auront été remises à la disposition de l'assuré, pourvu qu'elle se fasse dans l'espace de trois fois vingt-quatre heures après la décharge, et sans préjudice des autres preuves des parties.

Art. 713. S'il arrive un dommage à un navire assuré, par fortune de mer, l'assureur ne paie que les deux tiers des frais de réparation, que cette réparation ait lieu ou non, et ce en proportion de la partie assurée avec celle qui ne l'est pas. Un tiers restera au compte de l'assuré pour la plus-value présumée du navire.

Art. 714. Si la réparation a été faite, le

montant des frais sera prouvé par les comptes et autres moyens de preuve, et au besoin par une estimation d'experts.

Si elle n'a pas été faite, le montant sera estimé par experts.

Art. 715. S'il est prouvé, au besoin sur le rapport d'experts, que les réparations ont augmenté la valeur du navire au-delà d'un tiers, l'assureur en paiera tous les frais, conformément aux dispositions de l'article 713, déduction faite de la plus value du navire par la réparation.

Art. 716. Si l'assuré prouve au contraire, au besoin par un rapport d'experts, que les réparations n'ont pas augmenté la valeur du navire, spécialement parce que le navire était neuf et que le dommage lui est survenu à son premier voyage, ou parce que le dommage est arrivé à des voiles neuves ou à des apparaux neufs, ou bien aux ancres, câbles en fer ou à une nouvelle doublure en cuivre, la déduction d'un tiers n'aura pas lieu, et l'assureur sera tenu d'indemniser de tous les frais de réparation, dans la proportion mentionnée en l'art. 713.

Art. 717. Si les frais excèdent les trois quarts

de la valeur du navire, le navire est censé, à l'égard des assureurs, avoir été déclaré innavigable, et les assureurs sont obligés dans ce cas, s'il n'y a pas eu de délaissement, de payer la somme assurée, en déduisant la valeur du navire endommagé ou des débris.

Art. 718. Si le navire est entré dans un port de relâche forcée, et périt ensuite par un évènement quelconque, l'assureur n'est pas tenu de payer au-delà de la somme assurée.

Il en est de même si le navire a coûté, pour diverses réparations, au-delà de la somme assurée.

Art. 719. Sauf les dispositions des art. 643, 644 et 645, l'assureur est dispensé de payer les avaries tant communes que particulières, si elles sont au-dessous d'un pour cent de la valeur de l'objet endommagé, les frais de visite, d'estimation et du jugement de répartition non compris, sauf stipulation contraire des parties.

Art. 720. Les assureurs sur le navire, sur le fret et les marchandises paient chacun pour l'avarie commune selon que ces objets doivent y contribuer respectivement, pour autant qu'ils sont assurés, et en proportion de la partie assurée avec celle qui ne l'est pas.

ART. 721. Lorsque les avaries communes et particulières ont été réglées, les comptes et les pièces à l'appui doivent être délivrés aux assureurs. Ceux-ci sont tenus de payer les dommages dans les six semaines après la délivrance et ils doivent les intérêts légaux après ce délai.

SECTION II.

De la répartition et de la contribution dans l'avarie grosse ou commune.

ART. 722. Les avaries grosses ou communes sont réglées et réparties dans le lieu où finit le voyage, sauf stipulation contraire des parties.

ART. 723. Si le voyage est rompu dans le royaume, ou si le navire y est échoué, les répartitions sont réglées dans le lieu du royaume d'où le navire est parti ou aurait dû partir.

ART. 724. Le règlement et la répartition des avaries grosses sont faites à la diligence du capitaine et par experts.

Les experts sont nommés par les parties ou par le tribunal d'arrondissement du lieu où la répartition doit se faire dans le royaume.

Les experts prêtent serment avant d'opérer.

La répartition doit être homologuée par le tribunal d'arrondissement.

En pays étranger l'avarie grosse sera répartie par l'autorité compétente du lieu.

ART. 725. Si, le navire étant hors du royaume, le voyage a été rompu en route, ou si la cargaison a été vendue dans un port de relâche forcée, la répartition de l'avarie est réglée dans le lieu où la rupture est survenue, ou dans celui où la vente a été faite.

ART. 726. Si le capitaine néglige de faire les diligences ordonnées par l'article précédent, les propriétaires du navire et des marchandises peuvent faire la demande de la répartition, sans préjudice de leur action en indemnité contre le capitaine.

ART. 727. Les avaries communes sont réparties par contribution :

Sur la valeur du navire dans l'état où il se trouve à son arrivée, y compris ce qui est donné en indemnité de l'avarie commune ;

Sur le montant du fret, déduction faite des gages et de la nourriture des gens de l'équipage ;

Sur la valeur des marchandises qui se trouvaient, lors de l'évènement, à bord du navire ou des allèges ou canots, ou qui, avant que le dommage soit arrivé, ont été jetées par nécessité et remboursées, ou bien qui ont dû être vendues pour couvrir les frais d'avarie.

Les espèces monnayées contribuent à l'avarie commune d'après le cours du lieu où finit le voyage.

Art. 728. Les marchandises chargées sont estimées, d'après leur valeur, dans le lieu de la décharge, après déduction du fret, des droits d'entrée et autres frais de décharge, ainsi que de l'avarie particulière qu'elles auraient éprouvée pendant le voyage.

Il y a exception dans les cas suivants :

Si la répartition doit se faire dans le lieu du royaume d'où le navire est parti, ou aurait dû partir, la valeur des objets chargés est fixée d'après celle qu'ils avaient lors de la charge, en y ajoutant les frais jusqu'à bord, la prime d'assurance non comprise ; l'estimation a lieu d'après leur valeur réelle, si ces objets étaient endommagés ;

Si le voyage a été rompu, ou les marchandises vendues hors du royaume, et que l'avarie n'y ait pu être réglée, on prendra pour capital contribuant la valeur de ces marchandises dans le lieu de la rupture, ou le produit net qu'on en aurait obtenu dans le lieu de la vente.

Art. 729. Les marchandises jetées sont estimées suivant le prix courant du lieu du déchargement du navire, après déduction du fret, des droits d'entrée et frais ordinaires ; leur nature et qualité sont estimées sur les connaissements, factures ou autres preuves.

Art. 730. Si la nature ou la qualité des marchandises a été déguisée par le connaissement, et qu'elles se trouvent d'une plus grande valeur ; elles contribuent sur le pied de la valeur réelle si elles sont sauvées.

Elles sont payées d'après la qualité désignée par le connaissement, si elles sont perdues par jet.

Si les marchandises déclarées sont d'une qualité inférieure à celle qui est indiquée par le connaissement, elles contribuent, d'après la qualité indiquée par le connaissement, si elles sont sauvées.

Elles sont payées sur le pied de leur valeur réelle si elles sont jetées.

Art. 731. Les munitions de bouche, les hardes des gens de l'équipage et les vêtements ordinaires des passagers, ainsi que les munitions de guerre nécessaires pour la défense du navire, ne contribuent pas au jet. La valeur de celles qui auront été jetées, sera payée par contribution sur tous les autres objets.

Art. 732. Les objets dont il n'y a pas de connaissement du capitaine, ou qui ne se trouvent pas sur le manifeste ou la liste de la cargaison, ne sont pas payés, s'ils sont jetés; ils contribuent dans l'avarie, s'ils sont sauvés.

Art. 733. Les objets chargés sur le tillac du navire, contribuent dans l'avarie, s'ils sont sauvés.

Si le capitaine a placé les objets sur le tillac, sans avoir averti le chargeur ou obtenu son consentement, et qu'ils soient jetés ou endommagés par le jet, le chargeur pourra demander la répartition, sauf l'action des intéressés contre le navire et le capitaine.

Art. 734. Si nonobstant le jet des marchandises, ou les apparaux coupés, le navire n'est pas sauvé, il n'y a lieu à aucune contribution.

Les effets restés en bon état ou sauvés ne sont tenus à aucun paiement ou contribution d'avarie des objets jetés, endommagés ou coupés.

Art. 735. Si le navire est sauvé par le jet

des marchandises ou par les apparaux coupés, et qu'il périsse en continuant sa route, les effets sauvés contribuent seuls au jet sur le pied de la valeur qu'ils auront alors, déduction faite des frais de sauvetage.

Art. 736. Si le navire et la cargaison sont sauvés par des apparaux coupés ou autre dommage fait au navire, et que les marchandises périssent ou soient pillées ensuite, le capitaine ne peut exiger des propriétaires, chargeurs ou consignataires de ces marchandises de contribuer dans cette avarie.

Art. 737. Si des marchandises sont perdues par le fait du propriétaire ou du consignataire, elles contribuent néanmoins à l'avarie commune.

Art. 738. Le propriétaire des marchandises ne peut, dans aucun cas, être forcé de contribuer aux avaries grosses au-delà de la valeur des marchandises à leur arrivée, sauf pour les frais que le capitaine, après le naufrage, la prise ou la détention du navire, aurait faits de bonne foi et même sans ordre pour sauver des effets naufragés, ou pour les réclamer s'ils ont été pris, quand même ses soins ou ses réclamations auraient été infructueux.

Art 739. Si, depuis la répartition, les effets jetés sont recouvrés par les propriétaires, ceux-ci sont tenus de rapporter au capitaine et aux intéressés dans le chargement, ce qu'ils ont reçu dans la contribution pour ces objets, déduction faite des dommages causés par le jet et des frais de recouvrement.

Dans ce cas, la somme rapportée est répartie entre le navire et les intéressés au chargement, dans la même proportion que ceux qui ont contribué au dommage causé par le jet.

Art. 740. Si le propriétaire des objets jetés les recouvre sans réclamer aucune indemnité, ces objets ne contribuent pas aux avaries survenues au surplus de la cargaison après le jet.

TITRE XII.

De l'extinction des obligations en matière de commerce maritime.

Art. 741. Se prescrivent par un an toutes actions :

1° En paiement du fret, des gages et loyers du capitaine, des officiers et gens de l'équipage;

2° Pour nourriture fournie aux officiers et gens de l'équipage par l'ordre du capitaine;

3° Pour délivrance des marchandises ;

4° En paiement de ce que doivent les passagers.

Ces prescriptions commencent à courir :

Celles du n° 1, après le voyage fini ;

Celles du n° 2, après la livraison ;

Celles des n°s 3 et 4, après l'arrivée du navire.

Art. 742. Se prescrivent par trois ans toutes actions :

Pour délivrance des choses nécessaires à l'équipement et l'avitaillement du navire, ainsi que pour fourniture de bois, voiles, ancres et autres objets nécessaires à la construction et au radoub du navire, et enfin pour salaires d'ouvriers et ouvrages faits au navire :

Pour dommage causé par abordage.

La première prescription commence à courir du jour de la délivrance des objets ou de l'ouvrage achevé, et la derniére du jour de l'évènement.

Art. 743. Se prescrivent par l'espace de trois ans :

Toutes actions résultant d'un contrat à la grosse ou d'une police d'assurance.

Cette prescription commence à courir du jour de la conclusion du contrat.

Art. 744. Toute action des intéressés pour la répartition par avarie grosse sera prescrite deux ans après le voyage fini.

Art. 745. La préférence sur les navires, le fret et les marchandises résultant d'un contrat à la grosse, est éteinte six mois après l'arrivée du navire dans le lieu où le voyage finit, si le contrat a été conclu dans les limites de l'Europe; elle est d'un an, si le contrat a été conclu dans un lieu situé sur les côtes d'Asie ou d'Afrique, dans la Méditerranée ou la mer noire, et de deux ans après l'arrivée du navire pour les autres parties du monde. Ces délais sont doublés en cas de guerre maritime.

Art. 746. Toute action contre le capitaine et les assureurs, pour dommages arrivés à la marchandise chargée, est non recevable, si la marchandise a été reçue sans la visite et l'estimation ordonnées par la loi, ou si, le dommage n'étant pas visible à l'extérieur, la visite et l'expertise n'ont pas eu lieu dans le délai prescrit par la loi.

Art. 747. La disposition de l'art. 2010 du Code civil s'applique aussi à la prescription mentionnée aux art. 741, 742 et 743 (1).

(1) Art. 2010 du Code civil : Néanmoins, ceux à qui on opposera la prescription mentionnée aux art. 2005, 2006, 2007 et

TITRE XIII.

Des navires et bateaux navigant sur les rivières et les eaux intérieures.

Art. 748. Seront considérés comme bâtiments de mer les navires et bateaux navigant dans les rivières et eaux intérieures, qu'ils arrivent de l'étranger ou soient destinés pour l'étranger; et, en conséquence, ils seront soumis généralement, et selon les circonstances, aux dispositions des titres précédents de ce livre, sauf toutefois les règlements et ordonnances légalement rendus à l'égard de leur navigation.

Art. 749. Les dispositions suivantes seront applicables aux navires et bateaux, exclusivement employés à la navigation d'un lieu à un autre, dans les limites du royaume, tant sur les fleuves, rivières et canaux, que sur les mers et lacs du pays et le long des bancs de sable (wadden).

2008, pourront exiger de ceux qui s'en prévaudront le serment que la dette a été réellement payée.

Le serment pourra être déféré aux veuves et aux héritiers, ou aux tuteurs de ces derniers, s'ils sont mineurs, à l'effet de déclarer qu'il n'est pas à leur connaissance que la chose soit due.

Art. 750. Les dispositions du titre premier de ce livre seront aussi applicables, sauf les modifications suivantes :

1° La disposition du second alinéa de l'art. 309, ainsi que de l'art. 312, sera restreinte aux navires et bateaux qui ont un port de dix lastes et au-délà ;

2° Les dettes qui peuvent être exigées par privilége sur le produit des navires et bateaux mentionnés dans l'article précédent, sont celles qui suivent dans l'ordre qui leur est assigné :

a Les frais de sauvetage, d'assistance, et les salaires des pilotes ;

b Les droits de tonnage, fanaux, feux et autres frais de port ;

c Les gages des gardiens et autres ouvriers employés, et les frais de garde du bâtiment ;

d Le loyer des magasins servant au dépôt des agrès et apparaux ;

e Les gages du capitaine et des gens de l'équipage.

Le privilége énoncé sous les lettres *a*, *b*, *c*, *d* et *e*, ne peut être invoqué après trois mois, à compter du jour de la réparation achevée.

f Les fournitures et réparations nécessaires du navire ou bateau, et de ses apparaux pendant trois ans, à compter du jour de la réparation achevée.

g Les dettes provenant de la construction du bâtiment et les intérêts dus des trois dernières années.

h Les dommages et intérêts dus aux affréteurs pour défaut dans la délivrance des marchandises, ou pour remboursement des avaries souffertes par l'infidélité ou la faute du capitaine ou de l'équipage.

3° Si le produit du navire ou du bateau ne suffit pas à l'acquittement des dettes respectivement énoncées dans chaque partie du second paragraphe de cet article, les dettes contractées les dernières sont préférées aux précédentes.

4° Après les dettes mentionnées au second paragraphe de cet article, seront préférées sur les navires et bateaux ci-dessus désignés, ayant un port de dix lastes ou au-delà, les dettes indiquées à l'art. 315, en observant les dispositions de cet article.

5° Tous les priviléges mentionnés ci-dessus seront éteints, si le navire ou bateau, transmis à un autre sans protêt de la part des créanciers privilégiés, a navigué pendant six mois sous le nom et pour compte du nouvel acquéreur, le tout en observant les dispositions des deuxième et troisième alinéa de l'art. 316.

Art. 751. Les dispositions du second titre de ce livre ne seront applicables aux propriétaires de navires et bateaux navigants à l'intérieur, désignés ci-dessus en l'art. 749, que pour ce qui est prescrit par les art. 320, 321, 322, 323, le premier alinéa de l'art. 325, les art. 326, 327, 328, 329, 330, 332, 333, 335, 336 et 337.

Art. 752. L'obligation du directeur de rendre compte de sa gestion, et celle de chaque propriétaire d'ouïr et de clore ses comptes, et de payer sa quote-part dans les pertes, seront réglées d'après le contrat et les règles tracées par le droit commun pour le mandat; toutefois la minorité des propriétaires pourra faire valoir ses droits malgré l'approbation de la majorité.

Art. 753. Les dispositions du troisième titre du présent livre ne seront applicables aux capitaines des navires et bateaux navigant à l'intérieur, mentionnés ci-dessus en l'art. 749, que pour ce qui est prescrit par les art. 341, 345, 346, 348, 349, 354, 355, 356, 363, 367, le premier alinéa de l'art. 368, les art. 382, 390, 391, 392 et 393, sauf ce qui est statué par les règlements et ordonnances légales.

L'obligation du capitaine de présenter ses

comptes et tout ce qui les concerne, sera réglée d'après le contrat, le droit commun, et les règlements et ordonnances spéciales légalement rendues sur cet objet.

Art. 754. Les dispositions du quatrième titre ne seront applicables qu'en ce qui concerne les art. 451 et 452.

Les droits et obligations résultant des loyers des seconds, garçons-bateliers et autres gens de l'équipage, seront réglés d'après le contrat, d'après les dispositions du Code civil sur les loyers des domestiques et des ouvriers, et d'après les règlements et ordonnances spéciales légalement rendues à cet égard.

Art. 755. Les dispositions du cinquième titre ne sont pas applicables à la navigation intérieure.

Les droits et obligations résultant des affrétements, au temps de la charge et de la décharge, et tout ce qui y a rapport, seront réglés par les dispositions du cinquième titre au livre premier de ce Code, et celles sur le louage dans le Code civil, d'après les règlements et ordonnances légalement établis à ce sujet, et à défaut, d'après les coutumes du lieu.

Art. 756. Les dispositions du sixième titre

s'appliquent à la navigation intérieure, avec cette modification que, dans les cas des art. 538 et 540, chaque navire ou bateau et chaque chargement supportera ses propres dommages.

Il en sera de même dans le cas où l'un des deux serait un bâtiment de mer, ou serait considéré comme tel, suivant l'art. 748, et où l'autre appartiendrait à la navigation intérieure.

Art. 757. Les dispositions du septième titre s'appliqueront aussi généralement, et selon les circonstances, à la navigation intérieure.

Les différents sur les frais de sauvetage et d'assistance seront décidés par le tribunal de l'arrondissement dans lequel a eu lieu le sauvetage ou l'assistance.

Art. 758. Ne seront pas applicables à la navigation intérieure les dispositions du huitième titre de ce livre.

Art. 759. Les dispositions des art. 708, 709, 710, 712, 713, 714, 715, 716, 717, 718, 719 et 721 sont aussi applicables à la navigation intérieure.

Art. 760. Si des marchandises sont jetées pour le salut du navire, ou du bateau et du chargement, la répartition aura lieu de la même manière et d'après les règles prescrites pour la navigation maritime.

Art. 761. Il en sera de même si les marchandises sont rechargées dans des alléges ou canots pour sauver le navire, le bateau ou la charge.

Les frais nécessaires, le dommage survenu aux marchandises et les indemnités dues aux alléges ou canots seront réparties sur le navire, le bateau principal, et la charge, ainsi qu'il est dit en l'article précédent.

Art. 762. Les autres dispositions du titre dixième ne seront pas applicables à la navigation intérieure.

Art. 763. Celles du titre onzième s'appliquent aussi généralement, et d'après les circonstances, à la navigation intérieure.

LIVRE III.

DES MESURES A PRENDRE EN CAS D'INSOLVABILITÉ DES COMMERÇANTS.

TITRE I.

De la Faillite.

SECTION I.

De la déclaration de faillite et de ses effets en général.

ART. 764. Tout commerçant qui cesse ses paiements sera déclaré en état de faillite par sentence judiciaire, soit sur sa propre déclaration, soit sur la demande d'un ou plusieurs créanciers, soit enfin sur la réquisition du ministère public.

ART. 765. Il est tenu, dans les trois jours de la cessation de ses paiements, d'en faire la déclaration au greffe du tribunal de l'arrondissement de son domicile, ou, s'il s'agit d'une société commerciale, au greffe du tribunal dans le ressort duquel le comptoir social se trouve établi.

En cas de faillite d'une société en nom collectif, la déclaration doit contenir le nom et le domicile de chacun des associés solidaires.

Art. 766. Lorsque des créanciers demanderont la déclaration de faillite, ils présenteront une requête au tribunal de l'arrondissement, ainsi qu'il est dit à la première partie de l'article précédent, et ils fourniront en même temps la preuve des faits et circonstances qu'ils indiqueront. et dont il résultera que le débiteur a effectivement cessé ses paiements.

La requête sera déposée au greffe du tribunal, et il sera tenu note du jour du dépôt dans un registre à ce destiné.

Le tribunal statuera sur cette requête dans le plus bref délai possible.

Il pourra entendre préalablement le débiteur ou le faire citer par le greffier.

Art. 767. La masse d'un commerçant décédé après la cessation de ses paiements peut être déclarée en état de faillite, pourvu que la requête tendant à cet effet ait été présentée au plus tard dans les trois mois du décès du débiteur, sans distinguer si ses héritiers ont fait usage ou non du droit de délibération et du droit d'accepter la succession sous bénéfice d'inventaire, ou s'ils y ont renoncé.

La requête sera déposée de la manière indiquée à l'article précédent.

Les héritiers seront également entendus ou dûment appelés, par exploit signifié à la maison mortuaire, sans qu'il soit besoin d'y énoncer leurs noms.

La déclaration de faillite emporte de plein droit la séparation du patrimoine du défunt d'avec celui de ses héritiers, de la manière et pour la durée qui est indiqué au Code civil.

ART. 768. Le ministère public est autorisé à demander la déclaration de faillite d'un débiteur qui a cessé ses paiements, après l'avoir entendu ou dûment appelé, si le débiteur a pris la fuite sans avoir mis ordre à ses affaires, ou s'il a tenté de soustraire sa fortune à ses créanciers.

Le juge du canton peut, dans les mêmes cas, tout d'abord et dans l'intérêt de la masse, apposer les scellés ou prendre d'autres mesures conservatoires.

Le juge, dans ce cas, enverra immédiatement copie de son procès-verbal au ministère public.

ART. 769. La faillite commence au jour de la déclaration du débiteur ou du dépôt au greffe de la requête des créanciers, ou enfin au jour du réquisitoire du ministère public.

Ce jour sera indiqué par le jugement déclaratif de la faillite.

Art. 770. Le jugement déclaratif de la faillite emporte de plein droit dessaisissement du débiteur de la disposition et de l'administration de tous ses biens.

La présente disposition est applicable aux héritiers du débiteur décédé, dans le cas de l'art. 767 ci-dessus, en ce qui concerne la masse de la succession.

Art. 771. Le jugement a également pour effet, sans préjudice des dispositions des art. 854, 855 et 858 ci-après, de suspendre toute exécution judiciaire sur les biens meubles et immeubles du débiteur, commencée avant sa faillite, et d'arrêter l'exécution des jugements emportant contrainte par corps.

Lorsqu'une demande formée avant la déclaration de faillite a pour objet la réclamation de biens vendus et livrés, conformément au titre 8 du premier livre du présent code, cette demande sera suivie contre les curateurs, et le jugement exécuté contre eux.

La même disposition est applicable à toute

demande dans laquelle un objet certain et déterminé est réclamé comme propriété.

Art. 772. Lorsque, avant la faillite, la vente forcée des meubles ou des immeubles du débiteur a été poursuivie, et que le jour de la vente définitive a déjà été fixé et publié par des affiches, les curateurs pourront, sous l'autorisation du juge-commissaire, consentir à ce qu'il soit procédé à la vente pour le compte de la masse, sans préjudice des droits du poursuivant sur le prix, s'il jouit d'un privilége ou d'une hypothèque, ou s'il est nanti d'un gage.

Art. 773. Toutes sommes payées par le débiteur, pour dettes non échues au jour du commencement de la faillite, seront rapportées à la masse, si le paiement a eu lieu dans les quarante jours qui précèdent celui indiqué à l'art. 769.

Art. 774. Le gage ou l'hypothèque conférés par le débiteur dans une période de quarante jours antérieurs au commencement de la faillite, sont nuls dans les deux cas suivants :

1° S'ils ont été consentis pour sûreté d'engagements contractés avant ladite période;

2° S'ils sont consentis pour sûreté d'engagements contractés pendant ladite période, sans l'avoir été au moment même de la convention originaire.

Ces dispositions ne sont point applicables aux hypothèques que le tuteur ou le curateur est tenu de fournir pour sûreté de sa gestion.

Art. 775. Toute donation de biens meubles ou immeubles, faite par le débiteur durant une période de soixante jours antérieurs au commencement de la faillite, est nulle de plein droit, à l'égard des créanciers, bien que les deux parties aient agi de bonne foi. — Cette période est doublée, lorsque le donataire est parent ou allié au donateur, en ligne ascendante ou descendante à l'infini, et en ligne collatérale jusqu'au quatrième degré inclusivement.

Cette disposition est aussi applicable au cas où la donation a été faite à l'aide de personnes interposées.

Art. 776. S'il est prouvé que le donateur, à quelque époque que la donation ait eu lieu, a eu connaissance de la position fâcheuse de ses affaires, cette donation peut être déclarée nulle, relativement aux créanciers, bien que le donataire ait agi de bonne foi.

Cette demande en nullité n'est plus recevable aussitôt que les curateurs auront rendu leur compte, conformément à l'art. 885 ci-après.

Art. 777. Tous les actes translatifs de biens mobiliers ou immobiliers, faits par le débiteur à titre onéreux, et, en général, tous les actes, quelle qu'en soit la dénomination, à quelque époque qu'ils aient été passés, peuvent être déclarés nuls sur la demande des créanciers, s'il est prouvé que les deux parties ont eu l'intention frauduleuse de faire tort aux créanciers.

Art. 778. La faillite rend les dettes passives, non encore échues, exigibles à l'égard du failli.

Cependant, si la dette doit être acquittée par termes annuels, ou si elle ne peut être exigée qu'après l'expiration de trois années ou plus, à partir de la faillite, sans que, dans l'un ou l'autre cas, le débiteur soit tenu de payer des intérêts, le juge fixera la valeur du principal pour lesquelles le créancier sera admis à concourir, d'après la valeur moindre qui résulte pour la masse de cette double circonstance.

Art. 779. Lorsqu'il existe des créances à charge du failli, dont l'existence, l'exigibilité ou la quotité dépendent du futur accomplissement ou du non-accomplissement de certaines conditions, et lorsque la liquidation de la faillite, eu égard à l'intérêt commun des créanciers, ne peut être convenablement remise jusqu'à l'événement final, on emploiera, selon les circonstances, l'un ou l'autre des moyens suivants, afin d'arriver à une solution.

ART. 780. La prétention des créanciers sera évaluée par des experts, ou, au besoin, fixée par le tribunal, en prenant en considération le principal de la créance, le préjudice que la masse du failli pourrait éprouver par le non-accomplissement des conditions; et, enfin, l'avantage dont le créancier peut jouir par la dispense d'attendre cet accomplissement.

ART. 781. Si cette estimation est jugée impraticable, d'après la nature des choses, ou contraire à l'intérêt des parties, le créancier pourra être admis au partage pour le montant intégral de la somme due sous condition, s'il fournit une garantie complète de restitution avec intérêts, pour le cas où plus tard la condition à laquelle la dette est attachée ne s'accomplirait pas.

ART. 782. Si ladite garantie ne peut être fournie, ou si les juges trouvent plus convenable, dans l'intérêt des parties, de statuer ainsi qu'il sera dit ci-après, le tribunal peut ordonner que le dividende sur lequel le créancier pourra exercer plus tard une réclamation, sera déposé à la caisse des consignations, jusqu'à ce qu'il soit constant que la condition s'accomplira ou non.

Le montant ainsi déposé sera ensuite ou remis au créancier avec les intérêts échus et déduction faite des frais, ou reporté à la masse, au profit de tous les créanciers ou de leurs ayant-droit.

Art. 783. Si, dans la masse du failli, on trouve des objets qui lui appartiennent conditionnellement, ou dont lui seul peut disposer conditionnellement, la vente de ces objets sera ordonnée à la charge, par l'acheteur, de remplir la condition, à moins que le tribunal, d'après les circonstances et dans l'intérêt des parties, ne juge plus convenable d'appliquer les dispositions de l'un des trois articles précédents, ou de remettre la vente de l'objet jusqu'après la liquidation définitive.

Art. 784. Si la dette conditionnelle est assurée par un gage, et que l'intérêt de la masse exige que le créancier soit laissé en possession du gage, ce dernier pourra, dans la liquidation définitive, réclamer sa part, comme créancier chirographaire, jusqu'à concurrence de ce qu'il n'aura pas recouvré au moyen du gage.

Si, au contraire, l'intérêt de la masse n'exige pas que le créancier soit laissé en possession du gage, on suivra les règles établies ci-dessus, avec la différence que, dans le cas de l'art. 780, le créancier n'est pas tenu de restituer le gage, à moins que la somme pour sûreté de laquelle il a été donné ne lui ait été rendue jusqu'à concurrence de la valeur du gage, et, dans le cas des art. 781 et 782, il n'est pas non plus tenu à la restitution, tant que la somme équivalente à la valeur du gage n'aura pas été payée au créancier, ou déposée à la caisse des consignations.

Art. 785. Si la dette est garantie par une hypothèque, on appliquera exclusivement les dispositions des art. 1259 et suivants du Code civil.

Lors de la liquidation définitive, le créancier hypothécaire entrera dans la masse pour la somme dont il n'aura pu être rempli sur le prix des immeubles.

Art. 786. A l'égard des legs, donations ou

remboursements annuels, mensuels ou autres de même nature, on appliquera les règles prescrites par l'art. 1820 du Code civil (1).

SECTION II.

Des formalités relatives à la déclaration de faillite, et des pouvoirs des curateurs.

ART. 787. Le jugement déclaratif de la faillite contiendra, outre l'indication du jour où commence la faillite :

1° La désignation d'un des membres du tribunal, comme commissaire de la faillite ;

2° La nomination d'un ou de plusieurs curateurs, qui seront choisis de préférence parmi les créanciers : le greffier ou les commis-greffiers ne peuvent être chargés de cette mission ;

3° L'ordre de procéder à l'apposition des scellés ou à d'autres mesures propres à la conservation de la masse.

Une copie du jugement sera immédiatement adressée au juge du canton, par le greffier du tribunal.

(1) Cet article est ainsi conçu : « En cas de faillite ou d'in» solvabilité notoire du débiteur, la rente viagère sera réduite » dans la même proportion que les autres créances, et la masse » sera tenue d'assurer au créancier la jouissance de la rente » ainsi réduite. »

ART. 788. Le tribunal pourra, à toute époque, sur la proposition du juge-commissaire, ou sur la requête motivée d'un ou de plusieurs créanciers, révoquer les curateurs ou l'un d'eux, et les remplacer par d'autres.

Il peut aussi adjoindre aux curateurs déjà nommés un ou plusieurs autres choisis parmi les créanciers.

Dans la dernière assemblée pour la vérification des créances, le juge-commissaire consultera expressément les créanciers sur le remplacement des curateurs nommés, et sur l'adjonction d'autres curateurs; il fera, en conséquence, ses propositions au tribunal, qui statuera ainsi qu'il jugera convenable dans l'intérêt de la masse.

ART. 789. Le tribunal pourra, soit par le jugement déclaratif de la faillite, soit postérieurement, mais, dans ce dernier cas, sur la proposition du juge-commissaire seulement, ordonner le dépôt de la personne du failli dans un lieu sûr, soit dans la maison d'arrêt pour dettes, soit dans sa propre demeure, sous la surveillance d'un huissier ou d'un agent de la force publique.

L'ordre de ce dépôt sera mis à exécution par le ministère public.

Le tribunal pourra, sur la proposition du juge-commissaire, ou sur requête du failli, et après avoir entendu le juge-commissaire, accorder la mise en liberté du failli, sans ou avec caution de se représenter en tout temps : dans ce second cas, le tribunal arbitrera le montant du cautionnement, qui tournera, le cas échéant, au profit de la masse.

ART. 790. Dans tous les cas où la présence du débiteur incarcéré ou gardé hors de la prison sera nécessaire pour une opération déterminée concernant la masse, il devra, sur l'ordre du juge-commissaire, être extrait de la prison ou du lieu où il est gardé.

Le juge-commissaire prendra les mesures nécessaires pour prévenir l'évasion du débiteur.

ART. 791. Le jugement déclaratif de la faillite sera exécuté sans délai, nonobstant appel ou opposition.

Lorsque la déclaration de faillite aura été prononcée, sur la requête de créanciers ou sur le réquisitoire du ministère public, le failli qui aura comparu devant le tribunal et aura été entendu par lui, soit en conséquence d'un avertissement à lui donné, soit volontairement, pourra se pourvoir par appel, dans les quinze jours de l'insertion d'un extrait du jugement dans les feuilles publiques, dont il sera parlé en l'art. 793 ci-après : le jour de l'affiche ne sera pas compris dans ce délai.

S'il ne s'est pas présenté, il pourra former opposition dans le même délai. Dans ce cas, il pourra interjeter appel du jugement rendu sur l'opposition, dans les quinze jours qui suivront celui de sa signification; le jour de la signification ne sera pas compris dans le délai.

L'appel et l'opposition seront suivis contre celui qui aura provoqué la déclaration de faillite.

Les créanciers dont la requête tendant à la déclaration de faillite de leur débiteur aura été rejetée, auront le droit d'interjeter appel, dans les quinze jours à partir de celui où ce rejet a été prononcé.

A l'exception des créanciers qui ont réclamé la déclaration de faillite et du ministère public, tous autres créanciers ou parties intéressées ont le droit de former opposition à la déclaration de faillite, dans les trente jours, à partir de l'insertion d'un extrait du jugement dans les journaux; en cas de rejet de leur opposition, ils pourront se rendre appelants dans les quinze jours de la signification du jugement, lesquels seront calculés de la manière indiquée ci-dessus. Tous les délais mentionnés au présent article courent sans égard au domicile des créanciers ou autres parties intéressées.

Art. 792. Immédiatement après leur nomination, les curateurs prêteront, entre les mains du juge-commissaire, le serment de remplir fidèlement les fonctions qui leur sont attribuées.

Art. 793. Ils sont tenus de faire afficher, dans les trois jours de leur nomination, un extrait du jugement déclaratif de la faillite, contenant le nom, la demeure et la profession du failli, le nom du juge-commissaire, ceux des curateurs, et l'indication du jour où la failllite a commencé. Cet extrait sera affiché :

1° A la maison commune de la demeure du failli, ou, s'il s'agit d'une société commerciale, à la maison commune du lieu où son comptoir se trouve établi ;

2° Au bâtiment où siége le tribunal et à la Bourse, s'il en existe au même endroit.

L'apposition des affiches sera constatée par l'huissier sur la grosse du jugement.

L'extrait ci-dessus sera également, dans les cinq jours de la nomination des curateurs, et par leurs soins, inséré dans un des journaux qui se publient dans la commune où siége le tribunal, ou, s'il n'y en a pas, dans un journal de la province qui sera désigné par le juge-commissaire.

Art. 794. En cas de faillite d'une société, l'apposition des scellés, si elle est ordonnée, aura lieu tant dans le comptoir principal que dans la demeure de chacun des associés solidaires.

Art. 795. Dans le cas où les scellés n'auraient pas encore été apposés par le juge de canton, en conformité du jugement dont copie lui aura été adressée aux termes de l'art. 787, les curateurs requerront immédiatement ce juge de procéder à l'apposition.

Dans tous les cas, le juge de canton adressera au tribunal la copie du procès-verbal de l'apposition des scellés.

Art. 796. Les curateurs pourront, au moment de l'apposition des scellés ou après, requérir la remise, entre leurs mains, des effets de portefeuille appartenant à la masse, et qui sont à courte échéance ou qui doivent être présentés à l'acceptation.

Le juge du canton fera, sur son procès-verbal, mention de cette remise, avec description des objets.

Art. 797. Sur le rapport du juge-commissaire, et après avoir entendu les curateurs, le tribunal pourra ordonner que, pour prévenir un grand préjudice pour la masse, les opérations du failli ne seront pas subitement suspendues, mais continuées pendant quelque temps, dans l'intérêt des créanciers, par les curateurs ou par un tiers sous leur surveillance.

Dans ce cas, les curateurs pourront requérir le juge de canton de ne pas mettre sous scellés les objets nécessaires auxdites opérations.

Le tribunal pourra toujours, sur le rapport du juge-commissaire, et après avoir entendu les curateurs, révoquer ou modifier les mesures ci-dessus indiquées.

Art. 798. Les curateurs procèderont ensuite à l'inventaire de la masse, et ils se feront assister d'experts qui estimeront les objets, à moins que le commissaire, eu égard à la modicité de ces objets, ne charge les curateurs de cette estimation.

Le failli sera appelé à cette opération.

Il est tenu de donner tous les éclaircissements, et, en cas de besoin, de déclarer, sous serment prêté entre les mains du juge-commissaire, s'il possède d'autres biens que ceux trouvés dans la masse; enfin, le cas échéant, de les remettre ou de les indiquer aux curateurs.

Art. 799. Si les scellés ont été apposés, les curateurs procèderont à l'inventaire, à mesure que les scellés seront levés, en présence du juge de canton, qui signera avec eux.

Avant et durant l'inventaire, les curateurs pourront réclamer du juge de canton la remise des livres, papiers et lettres du failli; il en sera fait mention dans le procès-verbal de levée des scellés, avec indication de l'état des livres.

Art. 800. Si l'apposition des scellés n'a pas été ordonnée, l'inventaire sera fait par acte notarié, à moins que le juge-commissaire, eu égard aux circonstances particulières de la masse, n'ait autorisé les curateurs à le rédiger sous seing privé, auquel cas cet acte sera déposé sans délai au greffe du tribunal.

Art. 801. Le failli qui aura, avant la déclaration de faillite, préparé son bilan, le remettra aux curateurs dans les vingt-quatre heures de leur entrée en fonctions.

Art. 802. Le bilan contiendra l'énumération et l'évaluation de tous les biens mobiliers et immobiliers du débiteur, l'état des dettes actives et passives, lequel énoncera les noms des débiteurs et des créanciers; enfin, toutes les indications qui peuvent faire apprécier l'état des affaires du failli.

Art. 803. Si le failli n'avait pas encore préparé son bilan, il devra s'en occuper immédiatement, soit en personne, soit par le ministère d'un mandataire, en présence des curateurs ou d'une personne déléguée par eux.

A cette fin, le failli ou son mandataire sont admis, sous la surveillance des curateurs, à prendre connaissance des livres et papiers, sans qu'ils puissent être déplacés, si ce n'est avec la permission du juge-commissaire.

Art. 804. Si le failli néglige ou refuse de rédiger le bilan, ou s'il est décédé sans l'avoir fait, les curateurs procèderont eux-mêmes à la formation du bilan, au moyen des livres et papiers du failli, et au moyen des informations et renseignements qu'ils pourront se procurer.

Art. 805. Les commis et domestiques du failli sont tenus de fournir les indications et renseignements qu'ils peuvent donner.

En cas de refus, le juge-commissaire, sur

le rapport des curateurs, pourra interroger lesdits individus, tant sur ce qui concerne la formation du bilan, que sur les causes et les circonstances de la faillite.

En aucun cas, la femme, la veuve, les enfants ou autres descendants du failli, ses père et mère, grand'père et grand'mère, ne pourront être interrogés à ce sujet.

Art. 806. Les curateurs toucheront, sur leurs quittances, toutes les sommes dues au failli.

Art. 807. Les curateurs ouvriront les lettres adressées au failli : si ce dernier est présent, il peut assister à cette ouverture.

Art. 808. Les curateurs pourront, sous l'autorisation du juge-commissaire, délivrer au failli et à sa famille, les habits, le linge et les meubles nécessaires à leur propre usage : les curateurs rédigeront un état de ces objets.

S'il n'y a pas de poursuite en banqueroute contre le failli, les curateurs pourront être autorisés, par le juge-commissaire, à fournir des secours alimentaires à la famille du failli, d'après les circonstances, et sur les deniers comptants qui existent dans la masse.

Dans ce cas, le tribunal fixera la somme à laquelle s'élèvera cette dépense.

Art. 809. Toutes les denrées et marchandises sujettes à dépérissement prochain pourront être vendues par les curateurs, sur l'autorisation du juge-commissaire, et de la manière prescrite par celui-ci.

Quant aux objets non sujets à dépérissement prochain, et que l'intérêt de la masse n'exige cependant pas de conserver en nature, ils ne pourront être vendus sans permission du tribunal, accordée sur le rapport du juge-commissaire; le tribunal déterminera en même temps le mode de la vente.

Art. 810. Le prix de ces ventes, déduction faite des frais, et tous autres deniers comptants seront conservés dans une caisse à deux serrures non pareilles, et le juge-commissaire déterminera les différentes personnes auxquelles les clés seront confiées.

Dans le cas où cette manière de conserver les deniers présentera des difficultés, soit à cause de leur peu d'importance, soit pour d'autres motifs, le juge-commissaire pourra prescrire d'autres mesures à cet égard.

Art. 811. Tous les mois, ou aussi souvent que le juge-commissaire l'exigera, les curateurs seront tenus de lui présenter un état de la caisse.

Le juge-commissaire pourra ordonner que les deniers, soit en totalité, soit en partie, seront versés dans la caisse des consignations, au profit de la masse. Ces fonds pourront, en vertu d'un ordre du juge-commissaire, être retirés à tout moment, en tout ou en partie.

ART. 812. Les curateurs remettront au juge-commissaire un compte de la situation de la masse, toutes les fois qu'il l'exigera. Le juge-commissaire exercera sur les curateurs toute surveillance nécessaire ; sur son rapport, le tribunal décidera toutes les contestations que la faillite fera naître, et qui seront de sa compétence.

ART. 813. S'il y a lieu d'intenter une action en justice ou de suivre un procès déjà pendant, dans lequel la masse est intéressée, l'action ou la suite du procès sera dirigée par ou contre les curateurs. Ceux-ci ne pourront, sans l'autorisation du juge-commissaire, intenter ou suivre une action de ce genre, ou y défendre. En cas de refus du juge-commissaire, la partie intéressée peut s'adresser au tribunal, afin d'obtenir l'autorisation nécessaire.

ART. 814. Les curateurs sont tenus de faire

tous les actes nécessaires pour la conservation des droits de la masse contre les débiteurs du failli.

SECTION III.

De la vérification des créances.

Art. 815. Aussitôt que le bilan aura été présenté au juge-commissaire, celui-ci ordonnera la convocation de tous les créanciers, connus et inconnus, y compris ceux qui jouissent d'un droit de privilége ou d'hypothèque, ou qui sont nantis d'un gage, aux fins de procéder à la vérification des créances.

Art. 816. Le juge-commissaire fixera le jour, l'heure et le lieu de la réunion, selon les circonstances, et en laissant un délai suffisant.

Art. 817. Dans les cinq jours de la date de l'ordonnance du juge-commissaire, les curateurs sont tenus de convoquer les créanciers, pour être présents à la réunion, par une annonce affichée à la Bourse (s'il en existe), ou à la maison commune; cette annonce sera également insérée dans un ou plusieurs journaux désignés par le juge-commissaire.

Les créanciers connus seront en outre convoqués par lettres, dans le délai fixé.

Art. 818. Au jour fixé, l'assemblée se réunira sous la présidence du juge-commissaire, et en présence des curateurs.

Le failli ou son fondé de pouvoirs pourra y assister.

Art. 819. Le juge-commissaire ouvrira la séance, par la lecture de la liste des créanciers, telle qu'elle aura été dressée d'après le bilan et d'autres documents : il complètera cette liste par les noms des créanciers qui étaient restés inconnus jusque là, et qui se présenteront dans l'assemblée.

La liste contiendra les noms et demeures des créanciers, ainsi que la nature et le montant de leurs créances.

Elle sera close et signée par le juge-commissaire, séance tenante.

Art. 820. Le juge-commissaire procèdera à la vérification des créances, dont les propriétaires se seront présentés à l'assemblée en personne ou par fondés de pouvoirs, et de la manière prescrite par les articles suivants.

Art. 821. Chacun des créanciers présents sera successivement appelé, aux fins de justifier de la sincérité de sa créance, en présence des curateurs et des créanciers portés sur la liste mentionnée en l'art. 819, autant qu'ils seront présents.

Les créanciers qui prétendront avoir un privilége ou une hypothèque, ou être nantis d'un gage, devront en faire la déclaration.

ART. 822. Si la créance n'est contestée ni par les curateurs, ni par aucun des créanciers présents, elle sera enregistrée et portée sur une liste des créanciers admis; et lorsque, dans le cas d'une créance conditionnelle, à laquelle s'appliquent les dispositions des art. 779 et suivants, tous les créanciers se sont entendus avec le créancier conditionnel, la créance sera inscrite sous la médiation du juge-commissaire.

Cette liste contiendra les noms des créanciers, la nature et le montant de chaque créance, et, s'il s'agit d'une créance conditionnelle, le mode de l'accommodement.

ART. 823. Tout créancier faisant partie de l'assemblée, ainsi que les curateurs, pourront demander qu'avant qu'une créance ne soit portée sur la liste des admissions, le créancier ou son mandataire spécial affirme par serment, entre les mains du juge-commissaire, et séance tenante, que la créance est sincère et véritable.

Dans ce cas, la veuve ou les héritiers du

créancier sont simplement tenus de déclarer, sous serment, que, dans leur ame et conscience, ils sont convaincus de la sincérité de la créance.

Art. 824. Si le créancier n'a pas donné un pouvoir spécial pour la prestation du serment, il sera, en attendant, fait mention de l'admission dans le procès-verbal, et il sera accordé un délai suffisant pour que le serment puisse être prêté en personne ou par un mandataire.

La procuration à l'effet de la prestation du serment pourra être donnée sous seing privé; mais elle devra indiquer, en détail et exactement, le serment qu'il s'agit de prêter.

Art. 825. Si l'admission d'un ou de plusieurs créanciers a été contestée par les curateurs ou par quelques-uns des cocréanciers, ou s'il s'élève des difficultés sur le mode de s'accorder relativement aux créances conditionnelles dont il est question aux art. 779 et suivants, et si le juge-commissaire ne peut parvenir à concilier les parties, il en fera mention au procès-verbal, et il renverra les parties, au cas où la contestation n'aurait pas encore été portée en justice, à une audience du tribunal qu'il fixera, sans qu'il soit besoin d'assignation.

Art. 826. Si tous les créanciers portés sur la liste rédigée d'après le bilan et d'après d'autres renseignements ont comparu à l'assemblée, en personne ou par fondés de pouvoirs, et si leurs créances ont été, sans exception, admises et inscrites sur la liste indiquée à l'art. 822, et si enfin aucune remise n'est exigée pour le serment à prêter par les mandataires des créanciers, ladite liste sera définitivement close et signée par le juge-commissaire; ce magistrat mentionnera, dans son procès-verbal, que toutes les opérations concernant la vérification des créances sont terminées.

Dans le cas contraire, la liste des créanciers admis ne sera close que provisoirement, et les opérations ultérieures seront remises à un autre jour.

Art. 827. S'il ne s'élève point de contestations qui exigent une sentence judiciaire, le juge-commissaire fixera le jour de la prochaine assemblée dans laquelle les séances seront closes.

Il ne sera pas besoin d'appeler de nouveau les créanciers qui se sont présentés en personne ou par fondés de pouvoirs.

Les curateurs devront néanmoins donner connaissance de cette dernière assemblée aux créanciers qui ne se sont pas encore présentés, par des lettres et des annonces dans les journaux, de la manière prescrite par l'art. 817.

Art. 828. Les créanciers comparants et non domiciliés dans la commune où siège le tribunal, sont tenus, de faire élection de domicile, sur le procès-verbal, dans cette commune.

A défaut de cette élection, toutes significations et toutes informations pourront être faites ou données pour eux au greffe du tribunal.

Art. 829. Si l'assemblée est remise à raison d'une contestation qui exige une sentence judiciaire, le jour de la prochaine réunion sera fixé par le juge-commissaire, après que le jugement sera passé en force de chose jugée.

La convocation des créanciers, pour assister à cette assemblée, sera faite par les curateurs, dans les cas et de la manière suivante : Ceux qui ont assisté, en personne ou par des mandataires, à la première réunion, par des lettres adressées à leurs demeures, s'ils habitent la commune où siège le tribunal, et ceux qui n'y auront pas assisté, par lettres déposées au domicile élu, ou, à défaut d'élection, au greffe du tribunal.

Les autres créanciers seront avertis par l'insertion d'une annonce dans les journaux, ainsi qu'il est prescrit par l'art. 817.

Art. 830. Au jour indiqué, on continuera la vérification des créances, conformément aux prescriptions des art. 821, 822, 823 et 824 ci-dessus.

Les créanciers qui n'auront pas assisté à la première réunion ne seront pas admis à contester la légitimité des créances déjà portées sur la liste des admissions.

Art. 831. S'il s'élève une contestation sur la vérification des prétentions des créanciers, dont il est parlé en l'article précédent, le juge-commissaire en fera mention dans son procès-verbal, et il procèdera du reste conformément à ce qui est prescrit par l'art. 825.

Les débats auxquels cette contestation donnera lieu n'empêcheront ni les délibérations ni la décision sur le concordat offert par le failli, ni la liquidation de la masse.

Art. 832. Si, dans la première réunion ou dans les réunions subséquentes, les opérations ne peuvent être terminées dans un seul jour, le juge-commissaire remettra chaque fois la séance à un autre jour, et il en fera mention dans son procès-verbal, sans autre convocation.

Art. 833. Les créanciers qui n'auront répondu

ni à la première ni à la seconde convocation, ne seront pas admis dans la masse, tant qu'ils n'auront pas fait vérifier leurs créances, et tant qu'ils n'en auront pas affirmé la sincérité, s'ils en sont requis.

La vérification aura lieu de la manière déterminée par l'art. 867.

Art. 834. Les curateurs sont tenus de prendre part aux débats relatifs à la vérification des créances, pour la conservation des droits de la masse. Le tribunal, après avoir entendu le ministère public, prononcera, s'il est possible, par un seul et même jugement, sur toutes les contestations.

SECTION IV.

Du concordat.

Art. 835. Le failli est autorisé à offrir un concordat à la masse de ses créanciers.

Art. 836. Lorsque, au plus tard dans les huit jours de la convocation de la première assemblée pour la vérification des créances, il aura déposé au greffe du tribunal un projet de concordat, et qu'il en aura remis une copie au juge-commissaire, il pourra en être immédiatement délibéré et décidé, dans le cas prévu par le premier paragraphe de l'art. 826.

Art. 837. La délibération et la résolution seront renvoyées à une assemblée ultérieure, qui sera fixée par le juge-commissaire dans les cas suivants :

1° Lorsque, dans le cas prévu par le premier paragraphe de l'art. 826, un ou plusieurs créanciers demandent à prendre le concordat en considération ultérieure;

2° Lorsque, dans le cas du dernier paragraphe de l'article ci-dessus cité, une seconde réunion aura dû être convoquée à l'effet de poursuivre la vérification des créances;

3° Lorsque le concordat n'aura pas été déposé au greffe dans le délai prescrit, ni présenté à la première assemblée, mais qu'il aura seulement été remis à l'assemblée suivante, et qu'un ou plusieurs créanciers demanderont qu'il n'en soit pas délibéré et décidé immédiatement.

Art. 838. Sont seuls autorisés à concourir à la délibération et à la décision pour le concordat proposé, les créanciers dont les créances sont reconnues et inscrites comme telles sur la liste mentionnée en l'art. 822, ainsi que ceux qui ont été admis comme créanciers par sentence judiciaire.

Les créanciers privilégiés, hypothécaires ou nantis de gages, ne peuvent voter, a moins qu'ils ne renoncent au profit de la masse à leur privilége, gage ou hypothèque.

La renonciation demeure sans effet, si le concordat n'est point admis.

ART. 839. S'il se présente à l'assemblée appelée à délibérer sur le concordat des créanciers qui ne se sont pas encore présentés aux réunions antérieures, ils devront être admis dans le cas où la vérification de leurs créances ne donnera lieu à aucune contestation, et pourvu qu'ils fassent immédiatement l'affirmation sous serment, s'ils en sont requis.

ART. 840. Seront également admis à la délibération les créanciers précédemment représentés par des fondés de pouvoirs à qui le serment aura été déféré, après qu'ils auront prêté ledit serment en personne ou par fondé de pouvoirs.

ART. 841. Le concordat ne pourra être accepté que par le concours des deux tiers des créanciers chirographaires, réunissant les trois quarts des créances, non compris celles privilégiées, hypothécaires ou garanties par des gages, ou par celui des trois quarts des créanciers réunissant les deux tiers desdites créances.

Art. 842. Lorsque les trois quarts des créanciers présents à l'assemblée et réunissant plus de la moitié du montant des créances, consentiront au concordat, la délibération sera remise à un jour subséquent le plus rapproché possible, à fixer par le juge-commissaire, sans autre convocation.

Art. 843. Le concordat, après son acceptation, sera immédiatement signé par les créanciers qui y ont adhéré.

Art. 844. Le procès-verbal du juge-commissaire indiquera le résultat de la délibération, et, en cas d'acceptation du concordat, le juge devra le présenter à l'homologation du tribunal dans les huit jours après l'expiration du délai d'opposition fixé ci-après.

Art. 845. Les créanciers dont les créances auront été reconnues au moment des délibérations relatives au concordat, et qui n'y auront pas adhéré, pourront former opposition contre son homologation, en signifiant aux curateurs et au failli un acte d'opposition dûment motivé, dont copie devra être remise au greffe, le tout dans le délai de huit jours, à partir de l'acceptation du concordat, ledit jour non compris.

L'opposition pourra, entre autres motifs, être fondée sur ce que les ressources de la masse s'élèvent notoirement au-dessus de la somme stipulée par le concordat.

ART. 846. En cas d'opposition, le juge-commissaire indiquera, par une ordonnance, le jour où il en sera fait rapport par lui au tribunal.

Cette ordonnance sera signifiée, par les curateurs, le plus promptement possible, et, au plus tard, huit jours avant le jour d'audience indiqué, aux parties mentionnées en l'article précédent.

Le failli est autorisé a se présenter pour défendre ou expliquer le concordat.

Les créanciers qui ont adhéré au concordat, ou qui n'ont pas assisté à la délibération, pourront comparaître à l'audience et intervenir au procès.

ART. 847. Le tribunal devra, après l'expiration du délai d'opposition, accorder ou refuser l'homologation, sur les conclusions du ministère public, qu'il y ait eu ou non opposition.

Art. 848. L'homologation rend le concordat obligatoire pour tous les créanciers connus ou inconnus, sans distinction, y compris ceux qui pourront se présenter plus tard, sauf le droit de ceux qui sont privilégiés ou qui ont un gage ou une hypothèque.

Dans aucun cas les créanciers, qui ne se présenteront qu'après l'homologation du concordat, ne pourront réclamer de restitution de leurs cocréanciers à raison des dividendes qu'ils auront touchés sur la masse, conformément au concordat, sans préjudice de leurs droits contre le failli pour les sommes fixées par le concordat.

Art. 849. Lorsque le jugement portant homologation sera passé en force de chose jugée et aura été signifié aux curateurs, ceux-ci seront tenus de rendre compte au failli devant le juge-commissaire.

Les différends qui pourront s'élever à cet égard, seront renvoyés par le juge-commissaire au tribunal.

A défaut de stipulation contraire dans le concordat, les curateurs remettront au failli contre quittance convenable, tous les biens, valeurs, effets, livres et papiers appartenant à la masse.

Il sera fait mention du tout par le juge-commissaire sur son procès-verbal.

Art. 850. Le tribunal est autorisé, lors de l'homologation du concordat, sur le rapport du juge-commissaire, et après avoir entendu le ministère public, à réhabiliter le failli malheureux qui a agi de bonne foi.

Dans tous les autres cas, la réhabilitation ne pourra avoir lieu que de la manière indiquée dans la dernière section de ce titre.

Art. 851. Lorsqu'aucun concordat n'aura été proposé ou accepté, ou que l'homologation en aura été refusée, la masse sera déclarée insolvable par le tribunal, qui en ordonnera la liquidation par les soins des curateurs.

SECTION V.

De la répartition de la masse.

Art. 852. Dès que l'ordonnance mentionnée en l'article précédent aura été rendue, les curateurs procèderont à la répartition de la masse, en se conformant aux dispositions suivantes.

Art. 853. Les biens mobiliers qui se trouvent dans la masse seront vendus par les curateurs, en vente publique, par devant un fonctionnaire compétent, désigné à cet effet par le juge-commissaire, et conformément aux usages locaux, à moins que le tribunal, sur la proposition du juge-commissaire, n'ordonne, dans l'intérêt de la masse des créanciers, que tels ou tels objets à désigner, seront vendus à l'amiable, ou seront compris dans la vente des biens immeubles, dans les deux cas, au prix ou au-dessus du prix qui sera estimé par des experts désignés à cet effet.

Art. 854. Le créancier nanti de gage (1) pourra exercer tous les droits que la loi lui accorde, comme si aucune faillite n'avait eu lieu. Toutes les sommations y relatives, prescrites par la loi, seront adressées aux curateurs.

Les curateurs n'en peuvent pas moins, avec l'autorisation du juge-commissaire, faire citer, en cas de besoin, le créancier nanti, à l'effet de faire fixer un délai dans lequel il devra être obligé de poursuivre ses droits, et à l'expiration

(1) Le texte contient les deux expressions synonymes de *pandhouder* et *beleener*. Cette dernière s'applique plus habituellement au prêteur sur dépôt d'effets publics, mais nous avons préféré l'expression générique de *créancier nanti*.

duquel, suivant les circonstances, les curateurs seront autorisés à réclamer les objets mis en gage, et à les faire vendre eux-mêmes, sauf au créancier à faire valoir ses droits de la manière prescrite par l'article précédent.

Art. 855. Le créancier nanti qui a fait usage de ses droits, est tenu de rendre compte aux curateurs du produit des objets vendus, et de leur remettre l'excédant du produit sur le montant de la dette avec intérêts et frais.

Lorsque le produit n'aura pas suffi pour désintéresser le créancier, celui-ci entrera dans la masse pour le surplus, comme créancier chirographaire.

Art. 856. Les curateurs peuvent, avec l'autorisation du juge-commissaire, dégager l'objet mis en gage, en payant la somme garantie avec intérêts et frais.

Art. 857. Les biens immeubles appartenant à la masse seront vendus par les curateurs, en vente publique, devant un fonctionnaire compétent désigné par le juge-commissaire, conformément aux usages locaux.

Lorsque ces immeubles seront grevés d'inscriptions hypothécaires, il devra être procédé conformément aux dispositions de l'art. 1255 du Code civil.

ART. 858. Dans le cas de la stipulation prévue par le deuxième paragraphe de l'art. 1223 du Code civil, le créancier hypothécaire pourra exercer ses droits, comme si aucune faillite n'avait eu lieu.

Pour procéder à la vente, il est obligé, en outre des formalités prescrites par l'art. 1255 du Code civil, de faire notifier aux curateurs le jour de la vente, au moins trente jours avant celui de l'adjudication, à moins que les formalités préliminaires pour parvenir à la vente n'aient eu lieu déjà avant la faillite.

ART. 859. Le créancier hypothécaire dont il est parlé en l'article précédent est tenu, après la vente du bien engagé, aux mêmes obligations que celles imposées au créancier nanti par le premier paragraphe de l'art. 855.

ART. 860. Les curateurs peuvent, en cas de besoin, faire fixer en justice, de la manière indiquée au deuxième paragraphe de l'art. 854, le délai dans lequel le créancier hypothécaire, dont il est question en l'art. 858, devra procéder à la vente, et à l'expiration de ce délai, les curateurs pourront, sauf le droit du créancier sur le produit de l'objet, procéder eux-mêmes à cette vente.

Art. 861. Le créancier hypothécaire qui n'aura pas été payé en capital, intérêts et frais, entre dans la masse pour le surplus, comme créancier chirographaire, conformément à ce qui est prescrit en l'art. 855 ci-dessus.

Art. 862. Après la vente des biens, meubles et immeubles, les curateurs dressent un état des créanciers reconnus qui, lors de la vérification de leurs créances, ont allégué un privilége, un gage ou une hypothèque.

Ils se chargent à cet effet, contre reçu, des titres des créances.

Le juge-commissaire dresse en conséquence un ordre indiquant le produit des différents objets vendus, le rang qui appartient à chacun des créanciers susmentionnés, la somme qui lui revient, et enfin la somme qui pourra rester libre au profit des créanciers chirographaires.

Art. 863. Les curateurs sont colloqués comme premiers créanciers privilégiés sur le produit total, pour les frais de la faillite, y compris leur salaire.

Ce salaire sera calculé à un pour cent sur le produit de la vente des biens meubles et immeubles, sur le surplus des recettes et sur les deniers comptants de la faillite, sans préjudice du droit réservé au tribunal d'allouer en outre aux curateurs une somme pour vacations extraordinaires, lorsqu'à raison de la faiblesse de la masse ou de soins extraordinaires, une telle rétribution sera jugée équitable.

ART. 864. L'ordre avec les pièces à l'appui sera déposé, par les curateurs, sur l'ordonnance du juge-commissaire, au greffe, à l'effet d'y rester pendant quatorze jours à la disposition de chacun.

Il sera donné avis du dépôt dans le journal ou les journaux que le juge-commissaire indiquera.

Le délai de quatorze jours commencera à courir du jour de l'insertion de cet avis dans les journaux indiqués.

ART. 865. A défaut d'opposition dans le délai ci-dessus fixé, l'ordre est définitivement clos par le juge-commissaire, et ne pourra devenir l'objet d'aucune opposition ultérieure.

ART. 866. En cas d'opposition, la clôture

de l'ordre sera différée jusqu'à ce qu'il ait été prononcé en dernier ressort sur les difficultés élevées.

Art. 867. L'opposition sera faite au greffe par déclaration écrite ou par exploit ; dans les deux cas, elle devra être motivée.

Le créancier dont la créance n'aura pas été préalablement vérifiée, ne peut former opposition, à moins qu'il ne demande en même temps à être encore admis à faire vérifier sa créance. Cette vérification a lieu par devant le juge-commissaire et les curateurs. Le failli ou son fondé de pouvoirs peut y être présent.

Les créanciers reconnus y seront convoqués par lettres au jour fixé par le juge-commissaire, le tout aux frais du créancier négligent.

Art. 868. En cas d'opposition contre l'ordre, les difficultés y relatives seront renvoyées par le juge-commissaire devant le tribunal, et il sera en même temps fixé un jour pour le jugement.

Tout créancier reconnu pourra se présenter devant le tribunal pour son compte.

Toutes les difficultés seront, autant que possible, résolues par un seul et même jugement, sur le rapport du juge-commissaire, et sur les conclusions du ministère public.

Art. 869. Si l'intérêt de tel ou tel créancier nanti ou hypothécaire, exige de ne point attendre la conclusion de l'ordre général, et qu'un ordre particulier ne porte aucun préjudice aux autres créanciers de la masse, le tribunal peut, sur la demande des intéressés, après avoir entendu les curateurs, et sur le rapport du juge-commissaire, ordonner un ordre particulier qui portera, ainsi qu'il est dit ci-dessus, sur le produit des biens, soit mobiliers, soit immobiliers, que le jugement aura spécialement indiqués.

Dans ce cas, le créancier sera payé sur le produit de l'objet, et les inscriptions hypothécaires, s'il y en a, seront rayées.

Art. 870. Le tribunal ordonnera, après la clôture de l'ordre, la radiation des inscriptions sur les biens vendus, suivant le mode prescrit par l'art. 1257 du Code civil, en se conformant aux dispositions des art. 1258 et suivants du même code.

Art. 871. Les sommes qui, après la clôture de l'ordre, restent au profit des créanciers chirographaires, seront réparties entre eux au marc le franc; les curateurs sont en outre autorisés, avec l'agrément du juge-commissaire, à faire, même avant la clôture de l'ordre, une ou plusieurs distributions provisoires sur les sommes disponibles à cet effet.

Le juge-commissaire détermine chaque fois le montant de la répartition, ainsi que la manière dont il doit être donné connaissance aux créanciers de la répartition projetée.

ART. 872. Dans les répartitions qui ont lieu avant le paiement du prix des biens chargés d'hypothèques, les créanciers hypothécaires concourront avec les créanciers chirographaires dans la proportion du montant total de leur créance.

Ce qu'ils auront ainsi touché d'avance sera déduit du montant de ce qui leur reviendra, sur le produit de la vente des objets engagés, et le montant de ce qu'ils ont touché d'avance fera retour à la masse.

Les dispositions ci-dessus sont applicables aux créanciers nantis et privilégiés.

ART. 873. Tout créancier qui ne s'est point présenté aux opérations de vérification peut, tant que la dernière répartition n'a pas eu lieu, mettre opposition à toute répartition ultérieure de l'argent comptant, par un exploit signifié aux curateurs.

Dans ce cas, il est tenu de faire sans retard

vérifier sa créance, et, s'il en est requis, d'affirmer sous serment sa sincérité par devant le juge-commissaire, en présence des curateurs et des créanciers admis, après que ces derniers auront été convoqués par lettres aux frais de l'opposant, à un jour convenable qui devra être fixé par le juge-commissaire.

Art. 874. Si la créance est admise, au besoin après enquête judiciaire, le créancier est autorisé à exercer son droit sur les sommes non encore réparties, même pour la part qui a été précédemment distribuée aux créanciers déjà admis. Il ne peut, en aucun cas, réclamer de rappel de ces derniers.

Art. 875. Le créancier privilégié conserve, dans le cas de l'article précédent, son droit sur le produit de l'objet ou des objets sur lesquels son privilége était assis, en tant qu'il reste encore des deniers à la masse, à quelque titre que ce soit.

Art. 876. Le créancier hypothécaire qui n'a point fait vérifier sa créance à temps peut, pour la conservation de ses droits hypothécaires et de la portion de sa créance qui n'est point garantie par l'hypothèque, mettre opposition sur les deniers non encore répartis, à la charge par lui de faire immédiatement vérifier sa créance, et d'affirmer sa sincérité sous serment, s'il en est requis. Il conserve, dans ce cas, tous ses droits, et si l'objet hypothéqué a été vendu, il peut les faire valoir de la même manière que l'article précédent y autorise le créancier privilégié.

ART. 877. Si le failli n'est point tenu personnellement au paiement d'une créance assise sur un immeuble dont il n'est que tiers détenteur, le créancier hypothécaire n'a aucun recours sur la masse pour la portion qui ne se trouve pas couverte par le prix.

ART. 878. Le créancier qui est porteur d'une obligation solidaire qui existe entre le failli et d'autres codébiteurs également faillis, peut participer à toutes les masses jusqu'à ce que sa créance ait été payée en totalité.

ART. 879. Le créancier qui est garanti par une caution participe à la masse du failli pour sa créance, sous la déduction de ce qu'il a reçu de la caution.

La caution exerce ses droits pour tout ce qu'elle a payé à la décharge du failli.

Art. 880. En cas de faillite du mari, la femme reprend en nature tous les biens meubles et immeubles qui lui appartiennent, et qui ne sont point tombés dans la communauté.

L'apport des biens exclus de la communauté lors de la conclusion du mariage doit être prouvé, ainsi qu'il est dit en l'art. 205 du Code civil. (1)

Il doit être justifié des biens meubles échus à la femme pendant le mariage par succession, legs ou donation, et exclus de la communauté, par un inventaire spécial ou autre document suffisant pour asseoir la conviction du juge.

Les biens provenant de l'emploi ou du remploi de sommes appartenant à la femme, en dehors de la communauté, sont également repris par elle, pourvu que l'emploi ou le remploi ait été prouvé d'une manière suffisante aux yeux du juge et par des titres suffisants.

Art. 881. La femme exerce ses droits hypothécaires de la même manière que tous les créanciers de cette espèce; elle concourt, pour ses créances personnelles, avec les autres créanciers chirographaires.

(1) Par indication dans le contrat ou par inventaire y annexé.

Art. 882. Les biens repris par la femme, en vertu de l'art. 880, demeurent grevés des hypothèques et créances dont ils ont été légalement chargés.

Art. 883. La femme n'a aucun droit sur la masse, à raison des avantages qui lui ont été accordés par contrat de mariage, et réciproquement les créanciers ne peuvent profiter des avantages que la femme a stipulés au profit de son mari par contrat de mariage.

Art. 884. Les curateurs peuvent être autorisés par le juge-commissaire à transiger avec les débiteurs de la masse, et à prendre avec eux des arrangements. Les arrangements convenus entre eux doivent, pour être valides, être approuvés par le tribunal.

Art. 885. Lorsqu'il n'y a pas de probabilité qu'il doive rentrer à la masse de nouveaux deniers, les créanciers sont convoqués, à un jour déterminé par le juge-commissaire, à l'effet d'entendre les comptes et les rapports qui doivent être présentés par les curateurs en présence du juge-commissaire. Le solde restant est distribué entre les créanciers, et les curateurs sont déchargés.

Lorsque la masse se trouvera grevée d'une rente viagère, il sera pris des mesures convenables pour remplir le vœu de l'art. 1820 du Code civil. (1)

Art. 886. Si, après la décharge des curateurs, on venait à reconnaître qu'il se trouve encore des créances actives ou des biens appartenant à la masse, inconnus au moment où la répartition a été faite, le tribunal, sur la demande du créancier le plus diligent, nommera un juge-commissaire et désignera immédiatement soit les précédents curateurs, soit d'autres, à l'effet de répartir entre les créanciers le montant ou le produit des créances ou des biens.

Art. 887. Lorsqu'après la décharge des curateurs il sera échu des biens au failli avant sa réhabilitation, le failli devra, sur requête, ainsi qu'il est dit ci-dessus, être entendu ou dûment cité par le tribunal.

Il ne sera point procédé, dans ce cas, à la nomination d'un juge-commissaire et à l'institution d'une curatelle, si les biens échus au

(1) Aux termes de cet article, la rente viagère est réduite au marc-le-franc des autres créances, et la masse est obligée de garantir la rente ainsi réduite.

failli sont d'une si faible valeur, qu'après déduction des frais présumés, les créanciers n'y auraient aucun intérêt essentiel.

ART. 888. La contrainte par corps, mise à exécution contre le débiteur avant la déclaration de faillite, est maintenue, conformément aux dispositions du Code de procédure civile. (1)

ART. 889. Les créanciers peuvent, après la déclaration mentionnée en l'art. 851, mettre à exécution la contrainte par corps antérieurement prononcée contre le failli.

ART. 890. Le failli peut, nonobstant la déclaration de faillite et celle d'insolvabilité qui s'en est suivie, se pourvoir auprès du tribunal d'arrondissement pour conserver ou recouvrer sa liberté, afin qu'aucune contrainte par corps ne puisse être prononcée contre lui, ou afin d'en être déchargé, s'il se trouve déjà en prison ou s'il est condamné à la prison.

ART. 891. La demande mentionnée en l'article précédent est admise par le tribunal dans

(1) V. ci-après le titre du Code de procédure civile, relatif à la contrainte par corps.

les cas où le failli peut, suivant les dispositions du Code de procédure civile, être admis au bénéfice de la cession de biens judiciaires.

Avant de prononcer définitivement sur la demande, le tribunal ordonne que les créanciers qui ont fait condamner à la prison le requérant soient entendus ou dûment cités, et en outre, que la requête présentée soit portée à la connaissance du public par l'insertion de l'avis en un tableau suspendu dans la salle d'audience du tribunal, et par des affiches à la bourse, ou, suivant les circonstances, à la maison commune du lieu où siége le tribunal.

Tout créancier qui a obtenu un jugement portant contrainte par corps peut, dans le délai d'un mois, former opposition à la demande, et le tribunal doit ensuite prononcer, après avoir entendu le ministère public.

SECTION VI.

De la réhabilitation.

ART. 892. Le failli qui n'a pas été réhabilité immédiatement lors de l'homologation du concordat suivant les dispositions de l'art. 850, ou ses héritiers, dans le cas de l'art. 757, pourront former une demande à fin de réhabilitation par devant le tribunal qui aura prononcé la déclaration de faillite, lors même que le failli serait domicilié ailleurs.

Art. 893. Ne seront point admis à la réhabilitation ceux qui auront été déclarés coupables de stellionat, ou ceux qui auront été condamnés pour banqueroute, vol, escroquerie ou abus de confiance pour somme d'argent donnée en dépôt.

Art. 894. Le failli, ou ses héritiers ne sont point recevables dans leur demande, s'ils ne joignent à leur requête la preuve que tous les créanciers ont été satisfaits au gré de chacun.

Art. 895. La requête doit être affichée de la manière prescrite ci-dessus par le paragraphe 2 de l'art. 891 ; des insertions seront faites en outre dans le journal ou dans les journaux que le tribunal ordonnera.

Art. 896. Tout créancier est autorisé à former opposition à la demande dans le délai de deux mois à partir de l'insertion ci-dessus prescrite, et ce, par exploit signifié au greffe du tribunal.

L'opposition ne pourra être motivée que sur

ce que le créancier n'aura pas satisfait à la disposition prescrite par l'art. 894 ci-dessus.

Art. 897. A l'expiration du délai de deux mois ci-dessus prescrit, le tribunal, soit qu'il y ait eu ou non opposition formée, accordera ou refusera la demande sur les conclusions du ministère public.

Art. 898. En cas d'admission de la demande ou en cas de rejet, s'il y a eu opposition refusée, l'opposant, dans le premier cas, et le failli, dans le second, peuvent se pourvoir par appel.

Art. 899. Lorsque le jugement prononçant la réhabilitation a acquis force de chose jugée, il en est donné lecture en audience publique du tribunal, et mention est faite sur les registres à la requête du réhabilité.

Lorsque le réhabilité est domicilié dans un autre lieu, il peut requérir que la lecture et l'insertion aient lieu au tribunal du lieu de son domicile actuel.

TITRE II.

Des sursis de paiement.

ART. 900. Les sursis de paiement sont accordés exclusivement aux négociants qui, par des circonstances extraordinaires de guerres ou autres accidents imprévus, sont hors d'état de se libérer immédiatement envers leurs créanciers, mais qui, d'après l'état de leur actif, appuyé sur des preuves évidentes et dignes de foi, démontrent qu'au moyen d'un délai qui leur sera accordé, ils pourront les satisfaire pleinement.

ART. 901. Les sursis de paiement ne sont accordés que par la cour suprême.

ART. 902. Avant de former sa demande à la cour suprême, le débiteur est tenu de s'adresser au tribunal de l'arrondissement dans lequel il a son domicile ou celui de la société de commerce, par une requête signée de lui et d'un procureur, laquelle contiendra les formalités qui seront exposées ci-après.

ART. 903. Le débiteur devra annexer à sa requête :

1° La preuve des accidents imprévus qu'il invoque ;

2° Un état de son actif et de son passif, appuyé des documents nécessaires, et un inventaire estimatif, dressé par lui, de ses biens et valeurs ;

3° L'indication des noms et domiciles de ses créanciers, et du montant de leurs créances ;

4° Une liste particulière comprenant les noms et domiciles des créanciers qui sont domiciliés ou qui se trouvent momentanément dans l'arrondissement où siège le tribunal.

Tous ces documents sont déposés au greffe du tribunal, afin que chacun en puisse prendre connaissance.

ART. 904. Le tribunal ordonne immédiatement que les créanciers portés sur la liste mentionnée au n° 4 de l'article précédent, ainsi que le débiteur, soient convoqués par lettres, et ce par les soins du greffier, à un jour rapproché, qui sera fixé par le tribunal, à l'effet d'être entendus sur la requête.

Tout créancier, quel que soit son domicile, est autorisé à se présenter, même sans convocation.

ART. 905. Au jour indiqué, les créanciers

présents sont entendus sur la requête par le tribunal, qui nomme immédiatement deux ou plusieurs personnes, de préférence parmi les principaux créanciers, à l'effet de surveiller les affaires du débiteur, de concert avec lui.

Les personnes choisies peuvent, en tout temps, sur leur demande ou sur celle d'un ou de plusieurs créanciers, être déchargées et remplacées par d'autres.

Le tribunal peut, immédiatement après l'enquête, accorder aux débiteurs, par un jugement motivé, un sursis provisoire pendant les délibérations de la cour suprême.

Le jugement qui accorde ou refuse le sursis provisoire n'est pas susceptible d'appel.

ART. 906. Lorsqu'une demande à fin de sursis a été présentée, et qu'un ou plusieurs créanciers, suivant les dispositions de l'art. 766, réclament la déclaration de faillite du débiteur, il est d'abord statué, sur la première demande, de la manière prescrite en l'article suivant.

ART. 907. Lorsqu'un sursis provisoire a été accordé, la demande à fin de déclaration de faillite demeure suspendue jusqu'à ce que la cour suprême ait statué sur le sursis définitif.

Lorsque le sursis provisoire a été refusé, le

tribunal peut, s'il y a des motifs suffisants, prononcer la déclaration de faillite sans préjudice du jugement ultérieur de la cour suprême sur la demande de sursis.

ART. 908. Dès que les administrateurs mentionnés au premier paragraphe de l'art. 905 ont été nommés, ils sont tenus, sous leur responsabilité, de faire connaître leur nomination par la voie du journal officiel et des autres journaux que le tribunal indiquera par son jugement.

ART. 909. Lorsqu'un sursis provisoire a été accordé au débiteur, celui-ci est tenu de porter sa demande à la cour suprême dans le délai de quinzaine, faute de quoi le sursis provisoire tombe de plein droit.

ART. 910. La requête à la cour suprême doit être signée par le débiteur et par un procureur exerçant près ladite cour.

A la requête doivent être annexés :

1° Un état de l'actif et du passif disposé ainsi qu'il est prescrit aux paragraphes 2 et 3 de l'art. 903 ;

2° La preuve que toutes les formalités préliminaires ci-dessus prescrites ont été observées ;

3° Copie de la sentence du tribunal sur la demande à fin de sursis provisoire.

Art. 911. La cour suprême remet la demande aux mains de deux conseillers-commissaires.

Ceux-ci ordonneront la comparution tant du débiteur que de ses créanciers, à un jour determiné que le requérant devra faire connaître immédiatement par le journal officiel et les autres journaux que les conseillers-commissaires indiqueront.

Copie de la requête ainsi que des pièces à l'appui est en même temps déposée au greffe de la cour, ainsi qu'en l'étude du procureur mentionné en l'art. 902, afin que chacun en puisse prendre connaissance.

Art. 912. Au jour fixé pour la comparution, il doit être remis aux conseillers-commissaires, par le débiteur ou en son nom, une déclaration des administrateurs désignés portant qu'il leur a paru, après examen, que l'état de l'actif et du passif joint à la requête est sincère, et concorde avec les livres et autres documents.

Art. 913. Au jour indiqué, les créanciers et le débiteur sont entendus par les conseillers-commissaires; il est fait rapport par ceux-ci à la cour suprême de l'accomplissement des formalités prescrites par la loi, de l'opinion des créanciers sur la requête, ainsi que de leur propre jugement sur les circonstances ou accidents extraordinaires allégués par le débiteur, et de la probabilité qu'il peut y avoir, qu'au moyen du sursis, ses créanciers pourront être pleinement satisfaits; enfin des traces de mauvaise foi qu'ils pourraient avoir découvertes dans les actes du requérant.

Art. 914. Si la cour suprême reconnaît, d'après le rapport des commissaires, que les deux tiers des créanciers chirographaires, dont les créances forment les trois quarts de la dette totale, ou les trois quarts des créanciers dont les créances forment les deux tiers de la dette, s'opposent à la requête, celle-ci sera immédiatement rejetée, sans autre examen.

Dans le cas ci-dessus, le jugement de la cour suprême aura le même effet que si aucun sursis provisoire n'avait été accordé.

En cas de rejet de la demande, le sursis provisoire accordé tombe de plein droit.

Dans tous les cas, la cour suprême envoie copie de son jugement au tribunal d'arrondissement, et ordonne que les administrateurs fassent connaître que la demande a été accordée ou rejetée par le moyen d'affiches à la bourse, ou à la maison commune s'il n'y a point de bourse, au lieu du domicile du débiteur ou de l'établissement de la maison sociale.

ART. 915. Le sursis de paiement est accordé par la cour suprême pour le temps qu'elle juge nécessaire, sans qu'il puisse jamais excéder le délai de douze mois.

Il commence au jour où a été accordé le sursis provisoire, et s'il n'y en a pas eu, au jour de la concession du sursis définitif.

Le sursis ne peut être prolongé si ce n'est pour des raisons majeures, et après une enquête nouvelle et complète, ainsi qu'elle est prescrite par le présent titre.

ART. 916. Dès que la nomination des administrateurs a été rendue publique de la manière prescrite par l'art. 908, le débiteur ne peut plus, sans leur concours, autorisation ou assistance, aliéner, engager ou hypothéquer ses biens meubles ou immeubles, toucher ou payer des deniers, ni faire aucun acte d'administration.

ART. 917. Le paiement des créances existant au moment de la demande des sursis ne peut, pendant sa durée, être fait qu'à tous les créanciers ensemble, proportionnellement à la quotité de leurs créances, sans préjudice des dispositions de l'art. 920.

Art. 918. Pendant la durée du sursis provisoire ou définitif, le débiteur ne peut être contraint au paiement de ses dettes, toutes les exécutions commencées, même celle d'une contrainte par corps non encore exécutée, sont suspendues.

L'arrêt mis antérieurement sur la personne ou les biens du requérant demeure en l'état, sans préjudice de la faculté réservée à celui-ci avec l'autorisation ou l'assistance des administrateurs, et lorsque l'intérêt des créanciers le demande, de réclamer en justice la levée de l'un ou de l'autre, moyennant une caution suffisante pour l'entier paiement de la dette, dans le cas où, à l'expiration du sursis, tous les autres créanciers recevraient un paiement intégral.

Art. 919. Le sursis ne suspend point le cours des procès commencés, et n'empêche pas d'en entamer de nouveaux.

Lorsque néanmoins les procès n'ont d'autre but que la demande afin de paiement d'une créance reconnue par le débiteur, et lorsque le demandeur n'a point d'intérêt à obtenir un jugement pour faire valoir des droits contre des tiers, le juge peut, après avoir donné acte de la reconnaissance de la dette, suspendre le prononcé du jugement pendant la durée du sursis.

Art. 920. Le sursis est sans effet relativement :

1° Au paiement des charges de l'état ou autres charges publiques, ainsi que des contributions pour les digues et les *polders ;*

2° Aux droits d'hypothèque, de gage, de revendication et autres droits réels ;

3° Aux fournitures d'aliments ;

4° Aux loyers et fermages ;

5° Aux gages des domestiques, ouvriers et autres gens de services ;

6° Aux dettes pour objets nécessaires à l'entretien du débiteur et de sa famille, dans les six mois qui ont précédé le sursis.

Art. 921. Le sursis ne profite point aux codébiteurs, ni aux cautions qui ont renoncé au bénéfice de discussion.

Art. 922. La cour suprême peut, sur la demande d'un ou de plusieurs créanciers, et après avoir entendu ou dûment appelé le débiteur et les administrateurs, révoquer le sursis, lorsqu'il paraît que le débiteur s'est rendu coupable de mauvaise foi, ou cherche à nuire à ses créanciers pendant la durée du sursis.

Pareille révocation peut avoir lieu sur la demande des administrateurs, et après avoir entendu ou dûment appelé le débiteur, lorsqu'il paraît que, pendant la durée du sursis, l'état de l'actif s'est détérioré, même sans la faute du débiteur, au point que les ressources ne fussent plus suffisantes pour payer intégralement toutes les dettes.

La révocation du sursis est portée, par la cour suprême, à la connaissance du tribunal d'arrondissement, de la manière prescrite par l'art. 914. La publication en est ordonnée de la même manière.

Disposition finale.

Art. 923. Lorsque, dans le délai d'un mois après le refus du sursis, après sa révocation ou après l'expiration du délai pour lequel il a été accordé, la faillite du débiteur vient à commencer de la manière déterminée en l'art. 769 du premier titre de ce livre, les délais mentionnés aux art. 773, 774, 775 et 776, sont censés courir à partir du jour où la requête prescrite par l'art. 902 a été signifiée au tribunal d'arrondissement.

CODE

DE

PROCÉDURE CIVILE.

(EXTRAIT.)

LIVRE II.

TITRE V.

De la contrainte par corps et de sa mise à exécution.

SECTION I.

De la contrainte par corps.

ART. 585. La contrainte par corps ne peut être exercée que dans les cas énoncés en cet article et en l'article suivant :

1° Pour le stellionat, défini par l'art. 711 ;

2° En cas de réintégrande, après et par suite de dépossession par voies de fait, pour la restitution des fruits, dont l'usurpateur a eu indûment la jouissance durant sa possession, et pour le paiement des frais, dommages et intérêts adjugés aux ayants-droit;

3° Pour dépôt nécessaire;

4° Pour la restitution de deniers qui ont été consignés entre les mains de personnes préposées à cet effet par l'autorité publique;

5° Pour la remise des choses qui out été déposées entre les mains de séquestrés, commissaires et autres gardiens;

6° Contre tous les fonctionnaires publics, pour la représentation de leurs minutes, quand elle a été ordonnée par le júge;

7° Contre les notaires, les huissiers et autres fonctionnaires publics, pour la restitution des titres qui leur ont été confiés par suite de leurs fonctions, et des deniers qu'ils ont reçu en leur qualité pour leurs commettants;

8° Pour le paiement des frais, dommages et intérêts excédant la somme de 150 florins, lorsqu'ils auront été adjugés à la partie lésée par suite d'un délit ou d'un quasi-délit;

9° Pour le reliquat de compte dû par des tuteurs, curateurs, gardiens judiciaires et administrateurs d'établissements communaux et autres agents publics, obligés à rendre compte, et pour toutes les restitutions qui devront avoir lieu après ce compte;

10° Contre tous les étrangers qui n'ont pas de domicile fixe dans le royaume, pour toutes dettes, sauf exception, contractées envers des Neerlandais ;

11° Dans tous les cas où la loi permet expressément la contrainte par corps.

La contrainte par corps ne peut être exercée contre les femmes mariées et non mariées, que dans les cas prévus par les n°s 1, 2, 3, 5, 8 et 10 ci-dessus.

Elle n'a lieu, en matière civile, contre les personnes âgées de plus de soixante-dix ans, que dans les cas mentionnés aux n°s 1, 4, 5, 6, 7, 8, 9 et 10 ci-dessus.

ART. 586. La contrainte par corps peut aussi être exercée :

1° Contre tous commerçants pour dettes de commerce, même pour celles qu'ils ont contractées envers des personnes qui ne sont pas des commerçants ;

Les billets à ordre, assignations et autres effets de commerce, signés par un commerçant, sont censés être relatifs à son commerce, si une autre cause n'y est exprimée.

2° Contre toutes personnes, sans distinction, qui ont signé une lettre de change, comme tireurs, accepteurs ou endosseurs, ou qui en ont garanti le paiement par un aval;

3° Contre les personnes non commerçantes qui ont signé des billets à ordre, des assignations ou autres effets de commerce, ou bien des lettres de change réputées simples promesses, d'après l'art. 102 du Code de commerce, mais seulement dans le cas où ces personnes se sont obligées pour fait de commerce;

4° Contre toutes personnes, sans distinction, pour l'exécution de contrats de commerce maritime ou de ceux qui y sont assimilés par la loi.

Les dispositions des n°s 2, 3 et 4 de cet article ne sont pas applicables aux femmes mariées ou non mariées qui ne sont pas marchandes publiques.

Art. 587. Dans aucun cas, la contrainte par corps ne peut être exercée par les enfants et autres descendants directs contre leurs parens et alliés dans la ligne ascendante.

Art. 588. La contrainte ne pourra être exercée hors les cas specifiés par les deux articles précédents, ou qui pourraient plus tard être déterminés par la loi. Toutes conventions contraires à cette disposition sont nulles de droit, même quand elles auraient été contractées en pays étrangers.

Art. 589. La contrainte par corps ne peut jamais être exercée qu'en vertu d'un jugement, par lequel elle est prononcée.

Art. 590. L'opposition, l'appel ou le pourvoi en cassation n'arrête pas la mise à exécution de la contrainte par corps prononcée par un jugement exécutoire par provision, pourvu que dans ce cas caution soit donnée pour le paiement des frais, dommages et intérêts auxquels l'arrêtant pourrait être condamné.

Art. 591. Nul ne peut être retenu prisonnier pour la même dette que durant cinq années.

Hors les cas mentionnés par le dernier paragraphe de l'art. 585 de ce titre, la contrainte par corps cessera, en matière civile, dès que le débiteur aura atteint l'âge complet de soixante-dix ans.

Art. 592. Lors de l'exercice de la contrainte par corps, le créancier est tenu de payer d'avance chaque trente jours une somme suffisante pour l'entretien du débiteur, d'après un tarif établi par le Roi.

Si le créancier est en demeure, avant le trente-et-unième jour, de satisfaire à cette obligation, le débiteur pourra demander son élargissement, pourvu qu'il joigne à sa demande un certificat du geôlier constatant que les frais d'entretien n'ont pas été payés d'avance.

Cette demande sera néanmoins non recevable, si le créancier qui a été en demeure d'avancer les frais d'entretien, les consigne avant que le débiteur ait demandé son élargissement.

Art. 593. Le débiteur peut être recommandé par tous ceux qui auraient le droit d'exercer contre lui la contrainte par corps.

Celui qui se trouve en prison pour cause d'un délit, peut aussi être recommandé, et dans ce cas il sera, par l'effet de la recommandation, retenu, encore que son élargissement pour le délit ait été ordonné, ou que le temps de son emprisonnement soit expiré.

Art. 594. La nullité de l'emprisonnement, pour quelque cause qu'elle soit prononcée, n'entraîne pas la nullité des recommandations.

Art. 595. Tous ceux qui auront fait une recommandation sont tenus, s'ils en sont requis, de contribuer par égales portions, au paiement des frais d'entretien du débiteur détenu, et, dans ce cas, les deniers donnés pour l'entretien ne pourront être retirés par l'arrêtant sans leur consentement.

Cette demande doit être portée devant le tribunal de l'arrondissement dans lequel le débiteur est détenu.

Art. 596. Le débiteur qui a été incarcéré légalement obtient son élargissement :

1° Par le consentement du créancier qui l'a fait incarcérer, et de ceux qui l'ont recommandé, s'il y en a.

Le consentement à l'élargissement du débiteur peut être donné devant notaire, ou consigné sur le registre dans lequel les incarcérés sont inscrits.

2° Par le paiement ou la consignation des deniers qui sont dûs tant au créancier qui a exercé la contrainte par corps, qu'à ceux qui l'ont recommandé, comme aussi des intérêts échus, des frais liquidés, des frais d'incarcération et des deniers avancés pour l'entretien du débiteur.

3° Par la cession de biens volontaire ou judiciaire.

Art. 597. Le débiteur, dont l'incarcération a

été déclarée nulle, ou qui a été élargi faute d'avance des frais d'entretien, ne peut être de nouveau incarcéré pour la même dette qu'un jour au moins après son élargissement.

Art. 598. La poursuite et l'exécution par voie d'arrêt sur les biens n'empêchent ni ne suspendent l'exercice de la contrainte par corps.

De même, l'exercice de la contrainte par corps n'empêche ni ne suspend l'exécution par voie d'arrêt sur les biens.

SECTION II.

De la mise à exécution de la contrainte par corps.

Art. 599. La contrainte par corps ne peut être mise à exécution qu'un jour après la signification du jugement qui prononce l'incarcération.

Le président du tribunal d'arrondissement peut néanmoins, s'il y a des motifs, autoriser l'exécution immédiate du jugement qui prononce la contrainte par corps.

La signification contiendra un commandement de payer, et l'élection de domicile dans la commune où siége le tribunal qui a rendu le jugement.

Art. 600. Le débiteur ne peut être arrêté :

1° Dans les édifices consacrés au culte pendant les exercices religieux :

2° Dans le lieu et pendant la tenue des séances des autorités constituées ;

3° Sur la bourse de commerce pendant le temps qu'elle est ouverte ;

4° Dans la maison qu'il habite ou dans une maison privée quelconque, non ouverte au public, à moins que l'huissier ne soit accompagné par le juge du canton dans la commune où le débiteur a son domicile, et dans d'autres communes, par le chef de la régence communale ou celui qui le représente ;

5° Pendant la durée du sauf-conduit accordé par le juge pour que le débiteur comparaisse devant lui. Ce sauf-conduit doit toujours déterminer le temps pour lequel il est accordé.

Art. 601. L'arrestation ne peut aussi être effectuée le dimanche, et aux heures auxquelles il n'est pas permis de faire des exploits aux termes de l'art. 15 de ce Code.

Art. 602. Le procès-verbal d'arrestation doit contenir, outre les formalités ordinaires des exploits :

1° La répétition du commandement de paiement;

2° L'élection d'un domicile dans la commune où le débiteur est mis en prison.

L'huissier sera assisté de deux temoins.

Art. 603. En cas de résistance par voie de fait, l'huissier peut établir garnison aux portes pour empêcher l'évasion du débiteur et requérir l'assistance de l'autorité civile publique, sauf l'action publique, s'il y a lieu.

Art. 604. Si le débiteur conteste la légitimité de l'arrestation, et demande qu'il soit prononcé immédiatement sur sa réclamation, il sera sur-le-champ conduit devant le président du tribunal de l'arrondissement dans lequel l'arrestation a été faite; le magistrat prononcera sans délai et par provision.

L'ordonnance du président doit être consignée sur le procès-verbal de l'huissier, et être exécutée sur-le-champ.

Art. 605. Le débiteur arrêté qui ne fait pas d'opposition, ou dont l'opposition est rejetée, sera transféré dans la prison du lieu de son arrestation, et s'il n'y a pas de prison dans ce lieu, dans celle d'une commune voisine;

l'huissier dressera immédiatement l'acte de l'emprisonnement et le signera.

L'huissier et tous autres qui ont transféré, reçu et détenu le débiteur dans un lieu non destiné légalement pour garder des détenus, seront poursuivis pour cause de détention arbitraire.

Art. 606. L'acte d'emprisonnement doit contenir :

1° La mention du jugement qui prononce la contrainte par corps;

2° Les nom, prénoms et domicile du créancier,

3° L'élection de domicile dans la commune où le débiteur est emprisonné;

4° Les noms et domicile du débiteur incarcéré;

5° La mention des avances faites, des frais d'entretien pour trente jours au moins;

6° Enfin, la mention que l'huissier a laissé des copies au débiteur incarcéré, tant de l'acte d'emprisonnement que du procès-verbal d'arrestation, ce qui devra avoir lieu immédiatement.

Art. 607. Le geôlier doit transcrire sur son registre l'acte d'emprisonnement, avec un extrait du jugement qui ordonne l'arrestation, ainsi que le dispositif entier du jugement.

Si l'huissier reste en demeure d'exhiber ce jugement, le geôlier doit refuser de recevoir le débiteur.

Art. 608. Les conditions requises pour l'arrestation doivent être observées pour les recommandations; néanmoins, l'huissier ne sera pas accompagné de témoins, et celui qui fait la recommandation est dispensé de consigner des aliments, s'ils ont été déjà avancés.

Art. 609. Dans le cas de l'art. 596, n° 2, la somme due sera consignée entre les mains du geôlier, sans qu'il soit besoin d'aucun commandement judiciaire.

En cas de refus par le geôlier de recevoir cette somme, il sera assigné à bref délai devant le tribunal du lieu, en vertu d'une permission donnée à cet effet.

Art. 610. Lorsque l'élargissement aura été ordonné faute de consignation des frais d'entretien, le créancier ne pourra arrêter de nouveau le débiteur, qu'après l'avoir indemnisé pour les frais faits pour son élargissement, ou après les avoir consignés, sur son refus, entre les mains du geôlier, et avoir avancé en même temps les frais d'entretien pour six mois.

On ne sera pas forcé de réitérer les formalités qui précèdent l'arrestation.

ART. 611. Faute de l'observation des formalités ci-dessus prescrites, le débiteur peut demander la nullité de l'arrestation, et cette demande, ainsi que celle en élargissement, sera portée devant le tribunal de l'arrondissement où il a été mis en prison.

La demande en nullité, fondée sur des moyens touchant le fond de la chose, doit être portée devant le tribunal chargé de l'exécution du jugement.

L'ajournement pourra être fait à bref délai et au domicile élu sur le registre du geôlier; la cause sera jugée sommairement, et le créancier pourra être condamné aux frais et à des dommages et intérêts, s'il y a lieu.

TABLE DES MATIÈRES.

Avertissement. . . . . page v
Loi du 15 mai 1829, contenant les règles générales sur la législation du royaume. 1

LOI

SUR L'ORGANISATION JUDICIAIRE ET L'ADMINISTRATION DE LA JUSTICE.

Sect. I. Dispositions générales. 5
Sect. II. Des justices de canton. 14
Sect. III. Des tribunaux d'arrondissement. . . 21
Sect. IV. Des cours de justice provinciales. . . 25
Sect. V. De la Haute Cour. 32
Dispositions particulières. 43
Etat dressé en exécution de l'art. 36 de la loi sur l'organisation judiciaire, fixant le traitement annuel des juges de canton et de leurs greffiers. . . . 45
Etat dressé en exécution de l'art. 46 de la loi sur l'organisation judiciaire. . 46
Etat dressé en vertu de l'art. 46 de la loi sur l'organisation judiciaire, et

indiquant le nombre de juges et des officiers de justice dont doit se composer le personnel des tribunaux d'arrondissement. 52

Etat dressé en vertu de l'art. 61 de la loi sur l'organisation judiciaire, et présentant le traitement annuel des fonctionnaires dont se compose le personnel des cours provinciales. . . . 54

Etat dressé en vertu de l'art. 82 de la loi sur l'organisation judiciaire, présentant le traitement annuel des fonctionnaires dont se compose la cour criminelle de Hollande (art. 74). . . 55

Etat dressé conformément à l'art. 110 de la loi sur l'organisation judiciaire, et présentant le traitement annuel des fonctionnaires dont se compose le personnel de la haute cour (art. 83). 56

LOI FONDAMENTALE.

Chap. V. De la justice. 57
Sect. I. Dispositions générales. 57
Sect. II. De la haute cour et des tribunaux. . 60

CODE DE COMMERCE.

Dispositions générales. 65
LIVRE I. Du commerce en général. 65
Tit. I. Des commerçants et des actes de commerce. 65
Tit. II. Des livres de commerce. 67
Tit. III. Des sociétés de commerce. 70

Sect. I. Dispositions générales. 70
Sect. II. De la société en nom collectif et en commandite. 70
Sect. III. De la société de commerce anonyme. . 77
Sect. IV. Des associations commerciales en participation. 83
Tit. IV. Des bourses de commerce, courtiers et caissiers. 84
Sect. I. Des bourses de commerce. 84
Sect. II. Des courtiers. 85
Sect. III. Des caissiers. 88
Tit. V. Des commissionnaires, expéditeurs, voituriers et bateliers naviguant dans les rivières et autres eaux à l'intérieur. 89
Sect. I. Des commissionnaires. 89
Sect. II. Des expéditeurs. 92
Sect. III. Des voituriers et des bateliers naviguant sur les rivières et dans les eaux intérieures. . 94
Tit. VI. Des lettres de change. 98
Sect. I. De la nature et de la forme des lettres de change. 98
Sect. II. Des obligations entre le tireur et le preneur d'une lettre de change. 99
Sect. III De l'acceptation des lettres de change et de l'aval. 102
Sect. IV. De l'endossement des lettres de change. 109
Sect. V. Des obligations entre le tireur et l'accepteur, entre l'accepteur et le porteur, et entre le porteur et les endosseurs. 111
Sect. VI. De l'échéance et du paiement des lettres de change. 113
Sect. VII. Des droits et obligations des porteurs,

faute d'acceptation ou de paiement d'une lettre de change. 119
Sect. VIII. De l'extinction des obligations provenant des lettres de change. 129
Tit. VII. Des billets ou promesses à ordre, des assignations, des effets sur caissiers et autres effets au porteur. 131
Sect. I. Des billets à ordre ou promesses à ordre. 131
Sect. II. Des assignations. 132
Sect. III. Des effets sur caissiers et des autres effets au porteur. 135
Tit. VIII. De la revendication en matière de commerce. 138
Tit. IX. Des assurances en général. 144
Tit. X. De l'assurance contre les risques de l'incendie, contre ceux auxquels les produits de l'agriculture sont sujets, et de l'assurance sur la vie. 156
Sect. I. De l'assurance contre les risques de l'incendie. 156
Sect. II. Des assurances contre les risques auxquels sont sujets les produits de l'agriculture. 160
Sect. III. De l'assurance sur la vie. 161
LIVRE II. Des droits et obligations qui résultent de la navigation. 163
Tit. I. Des navires. 163
Tit. II. Des propriétaires, copropriétaires et directeurs de navires. 168
Tit. III. Du capitaine. 174
Tit. IV. De l'engagement et des loyers des officiers et gens de l'équipage, de leurs droits et obligations 190

Tit. V. Des affrétemens et louages de navires, des chartes-parties et connaissements, et des passagers. 211

Sect. I. De la forme et de l'objet des contrats d'affrétement et de louage de navires. . . . 211

Sect. II. Des droits et obligations du fréteur et de l'affréteur 214

Sect. III. De la résolution des contrats d'affrétement 226

Sect. IV. Du connaissement 231

Sect. V. Des passagers pour les voyages par mer à l'étranger. 235

Tit. VI. Du dommage causé par abordage . . . 239

Tit. VII. Du naufrage, de l'échouement et des épaves 242

Tit. VIII. Des contrats à la grosse 252

Tit. IX. Des assurances contre les risques de mer et d'esclavage 261

Sect. I. De la forme et de l'objet du contrat d'assurance. 261

Sect. II. De l'évaluation des objets assurés . . 271

Sect. III. Du commencement et de la fin des risques 273

Sect. IV. Des droits et obligations de l'assureur et de l'assuré. 276

Sect. V. Du délaissement. 286

Sect. VI. Des droits et obligations des courtiers en matière d'assurance maritime 292

Tit. X. Des assurances contre les risques du transport par terre, sur les rivières et autres eaux intérieures. 295

Tit. XI. Des avaries 298

Sect. I. Des avaries en général 298
Sect. II. De la répartition et de la contribution dans l'avarie grosse ou commune 311
Tit. XII. De l'extinction des obligations en matière de commerce maritime 317
Tit. XIII. Des navires et bateaux naviguant sur les rivières et les eaux intérieures 320
LIVRE III. Des mesures à prendre en cas d'insolvabilité des commerçants 327
Tit. I. De la faillite 327
Sect. I. De la déclaration de faillite et de ses effets en général. 327
Sect. II. Des formalités relatives à la déclaration de faillite, et des pouvoirs des curateurs . . 337
Sect. III. De la vérification des créances. . . 349
Sect. IV. Du concordat 356
Sect. V. De la répartition de la masse. . . . 362
Sect. VI. De la réhabilitation 377
Tit. II. Des sursis de paiement. 380
Disposition finale 389

CODE DE PROCÉDURE CIVILE.

Tit. V. De la contrainte par corps et de sa mise à exécution. 391
Sect. I. De la contrainte par corps 391
Sect. II. De la mise à exécution de la contrainte par corps 398

www.ingramcontent.com/pod-product-compliance
Ingram Content Group UK Ltd.
Pitfield, Milton Keynes, MK11 3LW, UK
UKHW012005240726
13965UKWH00001B/156